Arbeitskreis *Frauengeschichte*
am ZAWiW der Universität Ulm

EIGENWILLIG UND COURAGIERT

Wegweisende Frauen
in Ulm und Neu-Ulm

Impressum

Verantwortlich:
Arbeitskreis *Frauengeschichte* am ZAWiW der Universität Ulm

Konzeptionelle Beratung und Gestaltung:
Gabriele Stautner, artifox Kommunikationsdesign

Verlag und Druck:
Süddeutsche Verlagsgesellschaft Ulm

Vertrieb:
Süddeutsche Verlagsgesellschaft Ulm
Zentrum für Allgemeine Wissenschaftliche Weiterbildung
(ZAWiW) der Universität Ulm

Ulm 2009
ISBN 978-3-88294-404-4

Umschlag:
Heilige Afra im Chorgestühl des Ulmer Münsters
Foto: Gabriele Stautner, artifox.com

Arbeitskreis *Frauengeschichte*
am ZAWiW der Universität Ulm

EIGENWILLIG UND COURAGIERT
Wegweisende Frauen in Ulm und Neu-Ulm

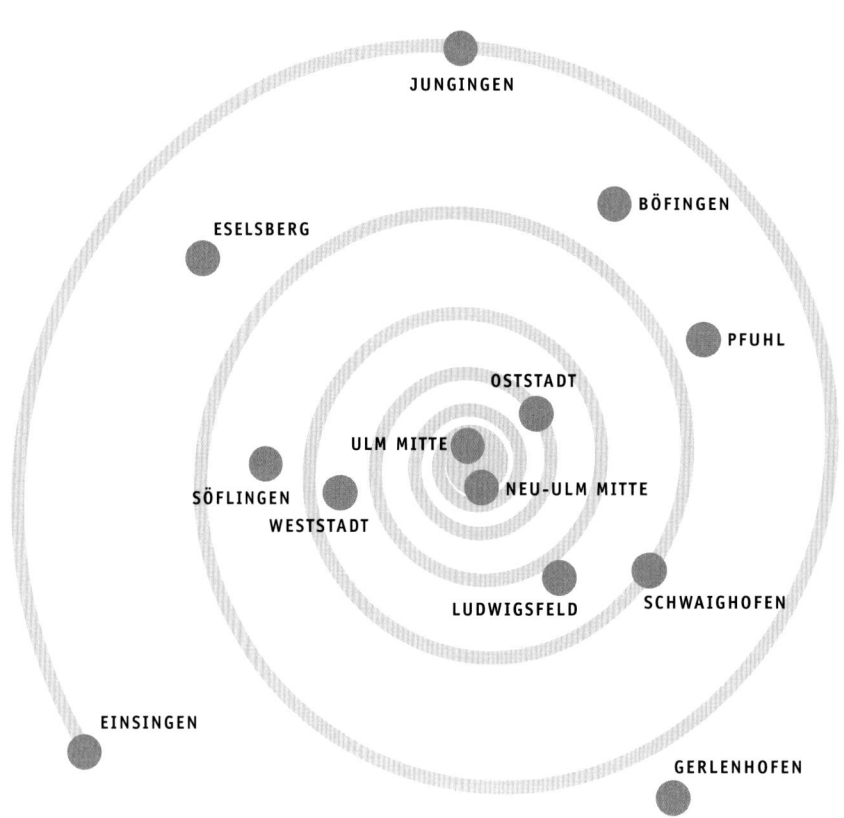

JUNGINGEN

BÖFINGEN

ESELSBERG

PFUHL

OSTSTADT

ULM MITTE

SÖFLINGEN

NEU-ULM MITTE

WESTSTADT

LUDWIGSFELD

SCHWAIGHOFEN

EINSINGEN

GERLENHOFEN

INHALT

GRUSSWORT IVO GÖNNER

Wegweisende Frauen
in Ulm und Neu-Ulm

Ein Blick in das Straßenverzeichnis von Ulm und Neu-Ulm macht schnell deutlich, dass auch bei uns die Straßen, Wege und Plätze, die nach Frauen der Zeitgeschichte benannt sind, in der Minderzahl sind. Damit unterscheiden wir uns nicht von den allermeisten Kommunen in Deutschland. Die Gründe, warum Frauen bei der Benennung öffentlicher Orte nur eine untergeordnete Rolle spielen, sind in der Hauptsache historisch-gesellschaftspolitischer Art.

Umso wichtiger erscheint es mir darum, den Blick auf die Frauen zu richten, die bisher zu Namensgeberinnen für Straßen, Wege und Plätze in unseren beiden Städten wurden. Der Arbeitskreis *Frauengeschichte* am Zentrum für Allgemeine Wissenschaftliche Weiterbildung (ZAWiW) hat sich seit November 2006 mit dem Thema „Weibliche Straßennamen in Ulm und Neu-Ulm" beschäftigt: Was wissen wir über die Frauen, nach denen Straßen in Ulm und Neu-Ulm benannt wurden? Welche Bedeutung hatten sie für unsere beiden Städte?

Anliegen des Arbeitskreises war es, die Geschichten der Namensgeberinnen stärker ins öffentliche Bewusstsein zu rufen, ihren Anteil an der Geschichte festzuhalten. Ich meine, dass die Umsetzung dieses Anliegens den zwölf Autorinnen gelungen ist.

Ein ganz eigenes Kapitel, allerdings keines, das Eingang in dieses Buch gefunden hat, ist der Entstehungsprozess des Buches von der Idee bis zum fertigen Buch. Der Arbeitskreis hat dabei Aufgaben bewältigen müssen, die für ihn ganz neu waren: Angefangen von der Sponsorensuche und den Verhandlungen über Druck und Grafik bis zur Klärung der Bildrechte.

Nun ist es geschafft! Und darum gilt es auch Danke zu sagen denen, die sich für die Realisierung dieses Buches eingesetzt haben. Zuallererst den Frauen im Arbeitskreis Frauengeschichte unter der Projektleitung von Andrea Toll, aber in selbem Maße auch den privaten und öffentlichen Förderern und Unterstützern dieses Projekts, ohne die es dieses Buch nicht geben würde, und der Süddeutschen Verlagsgesellschaft, bei der der Band erscheint.

Ich hoffe, das Buch findet zahlreiche interessierte Leserinnen und Leser und trägt dazu bei, unser Wissen um die Rolle der Frauen in der Stadtgeschichte zu erweitern und ein Bewusstsein für ihren wichtigen Beitrag zu schaffen.

Ivo Gönner
Oberbürgermeister von Ulm

Initiative des Arbeitskreises
Frauengeschichte

Die Initiative, die der Arbeitskreis *Frauengeschichte* am Zentrum für Allgemeine Wissenschaftliche Weiterbildung (ZAWiW) für das Projekt „Wegweisende Frauen in Ulm/ Neu-Ulm" entwickelt hat, kann nur begrüßt werden.

Durch die Auflistung der einzelnen Straßen mit bekannten und berühmten weiblichen Namen, sei es beispielsweise in der Literatur, der Wissenschaft, in Politik und den bildenden Künsten, zeigt deren große Bedeutung und verdeutlicht die Stellung der Frau in unserer Gesellschaft.

Bemerkenswert ist auch, wie intensiv die Leistung der einzelnen Frauen recherchiert und in dem Buch dargestellt wird.

Ich danke daher allen, die ehrenamtlich mit viel Einsatz und Engagement dieses Thema aufgearbeitet haben und beglückwünsche sie zu diesem gelungenen Werk.

Gerhard Hölzel
2. Bürgermeister von Neu-Ulm

VORWORT CARMEN STADELHOFER

Arbeitskreis
Frauengeschichte
des ZAWiW

Am Zentrum für Allgemeine Wissenschaftliche Weiterbildung (ZAWiW) der Universität Ulm werden seit 1995 Arbeitskreise *Forschenden Lernens* initiiert und begleitet, in denen Seniorstudierende selbst gewählte Fragestellungen über einen längeren Zeitraum hinweg mit wissenschaftlichen Methoden systematisch bearbeiten und die Ergebnisse evaluieren und dokumentieren. Derzeit bestehen 13 Arbeitskreise, die sich mit Themen aus den Bereichen Medizin, Natur-, Geistes-, Sozial- und Wirtschaftswissenschaften sowie Informatik beschäftigen.

Beim *Forschenden Lernen* bringen die Seniorstudierenden die in Familie, Beruf und gesellschaftlichen Tätigkeitsfeldern erworbenen Kompetenzen und ihr Erfahrungswissen aktiv ein und sind bereit, sich in neue Fragestellungen und wissenschaftliche Methoden einzuarbeiten. Durch die Arbeit dieser Gruppen entstanden bereits interessante Studien, deren Ergebnisse in Form von schriftlichen Dokumentationen, Ausstellungen und Präsentationen im Internet einer breiten Öffentlichkeit zugänglich gemacht wurden.[1]

Das Buch „Eigenwillig und couragiert. Wegweisende Frauen in Ulm und Neu-Ulm" ist die erste Veröffentlichung des Arbeitskreises *Frauengeschichte* am ZAWiW. Die Mitglieder des Arbeitskreises sind über zwei Jahre hinweg den Spuren der Frauen nachgegangen, die als würdig betrachtet wurden, eine Straße nach ihnen zu benennen. Von

insgesamt rund 1.700 Straßennamen in Ulm und Neu-Ulm sind gerade einmal 52 nach Frauen benannt.

Arbeitsteilig recherchierten die Gruppenmitglieder nach den Biografien der Frauen, ihrem Wirken, dem geschichtlichen Hintergrund und dem Bezug zu Ulm oder Neu-Ulm. In vielen Fällen handelt es sich um Frauen aus Geschichte, Politik, Gesellschaft und Kultur aus verschiedenen Jahrhunderten, zu denen eine Fülle von Material vorliegt. Zum Teil sind es aber auch unbekannte Frauen, über die es sehr wenig Informationen gibt und deren geschichtlicher und gesellschaftlicher Bezug zu Ulm oder Neu-Ulm sehr schwer zu erschließen war. Jedes Mitglied des Arbeitskreises übernahm einige der weiblichen Straßennamen. Recherchen in Archiven und im Internet, eingehende Lektüre und vieles mehr brachten interessante Hintergrundinformationen zu den genannten Frauen.

Die Ergebnisse der Recherche diskutierten die Teilnehmerinnen bei regelmäßigen Treffen in der Gruppe. Die Journalistin Andrea Toll betreute den Arbeitskreis fachkundig über die ganze Zeit hinweg. Nach der Phase der systematischen und wissenschaftsfundierten Erkundung folgte eine Phase der kreativen Gestaltung, um die Namensträgerinnen Ulmer und Neu-Ulmer Straßen einer größeren Öffentlichkeit vorzustellen.

Die Einzelarbeiten wurden von den Frauen gemeinsam lektoriert und von Gabriele Stautner, artifox Kommunikationsdesign, in ein sehr schönes Buch umgesetzt. Auf diese Weise haben die Mitglieder des Arbeitskreises *Frauengeschichte* in ihrer Spurensuche nicht nur selbst

---

[1]Nähere Informationen zum theoretischen Hintergrund und der Praxis des *Forschenden Lernens* am ZAWiW, siehe: „Forschendes Lernen als Beitrag zu einer neuen Lernkultur im Seniorenstudium" hrsg. von Carmen Stadelhofer, Neu-Ulm 2006, S. 39-68.

viel gelernt, sondern sie geben mit diesem Buch auch Neu-Ulmer und Ulmer Bürgerinnen und Bürgern die Möglichkeit, ihr Wissen über die Frauen, nach denen „ihre" oder benachbarte Straßen benannt sind oder durch deren Straßen sie täglich oder gelegentlich gehen, zu erweitern.

Mein Dank gilt den Arbeitskreisteilnehmerinnen Ursula Bischoff, Erdmute Dietmann-Beckert, Jutta Gotthardt, Barbara Heinze, Ulrike Iffland, Monika van Koolwijk, Brigitte Nguyen-Duong, Erla Spatz-Zöllner, Andrea Toll (Arbeitskreisleiterin), Agathe Wende und Mona Willmann, die sich mit großem Engagement und bewundernswerter Zielstrebigkeit an die Recherche und deren Dokumentation machten, der Kommunikationsdesignerin Gabriele Stautner, dem Förderkreis des ZAWiW sowie den Städten Ulm und Neu-Ulm und weiteren Sponsoren, die die Veröffentlichung dieses Buches und die hervorragende Ausstattung möglich gemacht haben.

Möge es vielen eine interessante Lektüre sein, die dazu führt, darüber nachzudenken, welche Frauen und deren Leistungen bei der Benennung weiterer Straßen in den Städten Ulm und Neu-Ulm durch ihre Namensgebung gewürdigt werden sollten.

Carmen Stadelhofer
Akad. Direktorin und Geschäftsführerin
des ZAWiW der Universität Ulm
Juli 2009

EINLEITUNG ANDREA TOLL

Frauen ziehen
ihre Kreise

Wohl kaum jemand denkt darüber nach, wenn er in Söflingen durch die Ottiliengasse schlendert, nach wem diese Gasse benannt wurde. Vielleicht nach der heiligen Ottilie? Wer weiß, dass die Mathildenstraße an Mathilde Wieland erinnert, die von 1873 bis 1892 die Wieland-Werke erfolgreich leitete?

Die zwölf Teilnehmerinnen des Arbeitskreises *Frauengeschichte* am Zentrum für Allgemeine Wissenschaftliche Weiterbildung (ZAWiW) der Universität Ulm begaben sich auf Spurensuche, zogen ihre Kreise in Ulm und Neu-Ulm. Sie recherchierten im Internet, in Archiven und in Kirchenbüchern, befragten Heimatforscher und Heimatforscherinnen sowie Hinterbliebene, welche Persönlichkeiten und Schicksale hinter den 46 Frauennamen stecken, nach denen Straßen in Ulm und Neu-Ulm benannt sind.

Dabei standen nicht wissenschaftliche Vertiefung und Vollständigkeit im Vordergrund, sondern es ging in erster Linie darum, ein lebendiges Bild zu vermitteln: von ihrem Leben, ihrem Denken und ihren Leistungen. Aus diesem Grund wählten die Verfasserinnen unterschiedliche Textgenres, wie fiktive Interviews oder Briefe, durch die die Porträts besonders authentisch und originell werden. Die subjektiv ausgewählten Aspekte geben Einblicke in das Leben der Frauen, die für so bedeutend befunden wurden, dass Straßen in Ulm und Neu-Ulm ihre Namen tragen. Auf diese Weise wollen wir einen Beitrag dazu leisten, dass die Künstlerinnen und Wissenschaftlerinnen, Unternehmerinnen und Politikerinnen nicht in Vergessenheit geraten.

Die Kapitel ergeben sich aus den unterschiedlichen Stadtteilen, in denen Straßen weibliche Namen tragen. Ulm und Neu-Ulm Mitte bilden das Zentrum, von hier aus zieht sich der Kreis über die Oststadt, Ludwigsfeld, Offenhausen, die Weststadt, Söflingen, Schwaighofen, Pfuhl, Böfingen, den Eselsberg, Gerlenhofen, Jungingen, bis nach Einsingen. Die Einteilung der Stadtteile basiert auf der *Amtlichen Stadtkarte Ulm, Neu-Ulm 2009* und der Registrierung im Grundbuch. Die Kapitel sind alphabetisch nach Namen sortiert. Zu jeder weiblichen Persönlichkeit sind auf der linken Seite biografische Daten und Fakten zusammengestellt, der Text auf der rechten Seite beschreibt einen speziellen Aspekt im Leben der Frauen.

Oftmals erforderte die Recherche viel Geduld und Ausdauer wie im Fall Ottilie. Die Hartnäckigkeit wurde belohnt, denn es stellte sich heraus, dass nicht die Heilige gemeint ist, sondern die Tochter des Söflinger Bauwerkmeisters Karl Julius Frei.

„Der Name ist ein Stück des Seins und der Seele", schrieb Thomas Mann. Wir hoffen, dass wir Ihnen beim Streifzug durch die Geschichte der historischen Frauenpersönlichkeiten einen Funken ihres Seins und ihrer Seele vermitteln und dass wir durch das Buch ihre Spuren sichtbarer gemacht haben. Vielleicht regt Sie die Lektüre auch zum Sammeln eigener Ideen für weibliche Straßennamen an, die Sie beim Frauenbüro, Frauenforum oder bei unserem Arbeitskreis einreichen können.

Andrea Toll
Projektleitung AK Frauengeschichte

Ulm Mitte

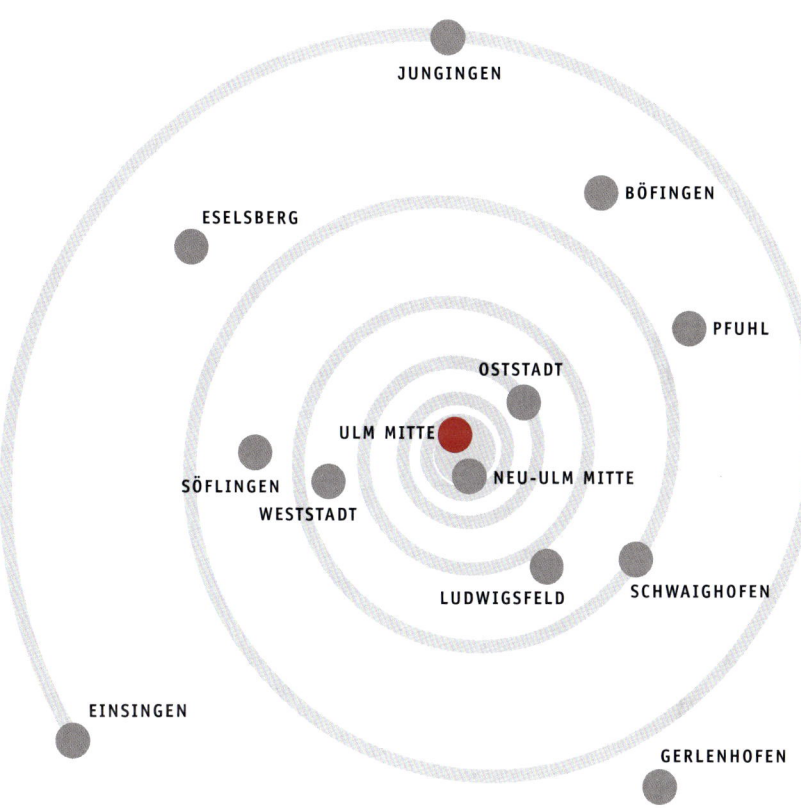

FRAUENSTRASSE, FRAUENGRABEN, FRAUENSTEIGE

1377 war die Grundsteinlegung für das Münster in Ulm, einer Marienkirche. Nicht viel später wurde die Pfarrkirche *unser lieben Frau ennet Feld,* die auf dem heutigen Alten Friedhof stand, abgebrochen. Sie lag ungeschützt vor der Stadtmauer. Ulmer Bürger aber wollten den Friedhof *auf dem Feld* erhalten, wo ihre Vorfahren begraben waren und wo die Allerheiligenkapelle stand, die sie *zu der alten unser Frauen Pfarre zu Ulm* nannten.

FRAUENSTRASSE, FRAUENGRABEN, FRAUENSTEIGE

Eine Straße mit wechselhafter Geschichte

„Hast du den Indianer heute Morgen gesehen?", unterhalten sich Schülerinnen, die auf ihrem Schulweg über den Alten Friedhof zur Frauenstraße laufen. „Den Indianer?", frage ich sie interessiert. „Wir meinen den Mann mit dem weißen Anzug und den drei Federn im langen Haar", gibt ein Mädchen bereitwillig Auskunft. Ob sich Ulmer Bürgerinnen und Bürger im 14. Jahrhundert solch ein Gespräch von Schülerinnen auf diesem ehrwürdigen Gelände hätten vorstellen können? Kickende Jungen, Jogger oder gar einen Spielplatz auf ihrem Friedhof? Zu diesem alten Friedhof mit der Marienkirche *Unsere liebe Frau ennet Feld* außerhalb der Stadtmauer führte die Straße, die heute als Frauenstraße bekannt ist.

Die Frauenstraße? Auf alten Stadtansichten hat die Nord-Süd-Achse keine Bezeichnung. Aus Urkunden geht

hervor, dass von 1360 an die Straße zum Frauentor Weber-straße hieß. Der sogenannte *Fädelesplan* um 1600 zeigt unterschiedliche Wegabschnittsbezeichnungen unserer heutigen Frauenstraße auf, Anwohnernamen, Namen, die häufig nur für eine Straßenseite gültig waren, zum Bei-spiel *von Ulrich Ehinger ghen unser Frauen Tor.* Steuerbe-amten diente diese Benennung zur Orientierung. Es exis-tierte einfach keine Frauenstraße zum Frauentor. Zudem gab es für die Frauensteige, die Fortsetzung der Verkehrs-verbindung hinauf zum Michelsberg, keine offizielle Stra-ßenbezeichnung. Sie wurde erst 1905 bestätigt. Auch der

Name Frauengraben bestand noch nicht amtlich. Erst um 1808 wurde die Benennung festgelegt. Er verlief parallel zur Stadtbefestigung und endete nahe am Frauentor. In dieser Straße hat in dem sogenannten *Schlößle,* einem stattlichen hohen Gebäude von 1548, der weltoffene und für seine Kunst- und Wunderkammer weithin bekannte Ulmer Kaufmann Christoph Weickmann gewohnt. Er soll 500 verschiedene Tulpensorten dort gezogen haben. Offiziell gab es also immer noch keine Frauenstraße. Erst mit dem wirtschaftlichen Aufschwung der Reichsstadt wurde die heutige Frauenstraße eine der vornehmen

Straßen Ulms. Wer Rang und Namen und das nötige Geld hatte, wohnte hier. Die begüterten Sammlungsfrauen hatten ihr Anwesen dort, ebenso Pfleghöfe verschiedener Klöster. Gasthäuser, repräsentative Patrizierhäuser der mächtigen und einflussreichen Ulmer Familien Ehinger, Krafft, Besserer und Baldinger zeugten von der Bedeutung der Straße. Fachwerkhäuser und Kaufmannsgebäude gaben der Frauenstraße ihr Gesicht. Das letzte erhaltene Patrizierhaus, der 1577 erbaute Ehinger Hof in der Frauenstraße 19, wurde vor dem Ersten Weltkrieg zum geschützten Gebäude

erklärt. Im Ulmer Museum zeigt ein Aquarell von 1731, das eine Schlittenfahrt in der Frauenstraße darstellt, den vornehmen Lebensstil des Ulmer Patriziats.

Frauengasse oder Frauenstraße? Wie hieß die prächtige Verkehrsader nun? Überraschend finden wir auf dem Schlumberger Plan von 1808 oder dem Stadtplan von 1828 zum Frauentor hin die Frauengasse. In Adressbüchern jedoch wurden die Häuser der späteren Frauenstraße alle einzeln durchnummeriert und folgten der Einteilung in Viertel von A bis D von 1796.

Endlich die eindeutige Bezeichnung Frauenstraße! 1869 hat der Gemeinderat die wichtige Verbindung vom Zentrum der Stadt offiziell zur Frauenstraße erklärt, obwohl die namengebende Pfarrkirche *Unsere liebe Frau ennet Feld* und das Frauentor längst abgebrochen waren. Die volksübliche, tradierte Bezeichnung hat sich durchgesetzt.

Und die Frauenstraße heute? Sie sei eine Hauptachse des Durchgangsverkehrs, klagen einige Geschäftsleute. Andere hingegen nehmen die Geschicke der Frauenstraße mit in die Hand und haben eine Aktionsgemeinschaft *Lust auf das Ulmer Frauenstraßenviertel* gegründet. Seit 2006 sitzt ein Vertreter mit am runden Tisch der Stadt, wenn es um die Geschicke ihrer Straße geht. Vorschläge werden diskutiert. Das angestrebte Ziel ist eine lebendige Hauptstraße mit einem attraktiven Waren- und Dienstleistungsangebot für die Ulmer. Mike Klamser, Ansprechpartner der Aktionsgemeinschaft, sieht die Entwicklung positiv: „Die Zusammenarbeit mit der Stadt und den Ladeninhabern funktioniert gut."

Monika van Koolwijk

Weiße Rose

HANS (1918–1943) UND
SOPHIE (1921–1943) SCHOLL

Ein Geschwisterpaar
im Widerstand

HANS UND SOPHIE SCHOLL

1918	Geburt von Hans am 22. September
1921	Geburt von Sophie am 5. Mai
1932	Umzug nach Ulm, Kepler-Realgymnasium
1933	Hans: Eintritt in die Hitlerjugend gegen den Willen des Vaters
1934	Sophie: Bund Deutscher Mädel
1935	Hans: Teilnahme am Reichsparteitag der NSDAP in Nürnberg
1936	Hans als Führer abgesetzt, da er Mitglied in der deutschen Jungenschaft (dj.1.11.) war, bleibt Mitglied der HJ
1936	Hitlerjugend erhält Erziehungsgewalt neben Schule und Familie
1937	Hans: Abitur, Reicharbeitsdienst, freiwillig zur Kavallerie Hans und Sophie verhaftet wegen Beteiligung an dj.1.11., Sophie vorübergehend, Hans fünf Monate
1938	November: Synagogen brennen
1939	Hans: Studium der Medizin
1940	Sophie: Abitur, Ausbildung als Kindergärtnerin Hans: Sanitäter an der Westfront
1941	Hans: in der Münchener Studentenkompanie Sophie: Reichsarbeitsdienst
1942	Hans: Bekanntschaft mit Regimekritikern Juni–Juli: vier Flugblätter *Die weiße Rose* mit Alexander Schmorell Juli–November: Einsatz an der Ostfront Sophie: Studium der Philosophie und Biologie
1943	Januar: fünftes Flugblatt, Parolen an Mauern und Häusern Sophie: Teilnahme an der Aktion Flugblatt
1943	Niederlage in Stalingrad am 3. Februar, sechstes Flugblatt
	Flugblätter in der Universität am 18. Februar, Verhaftung der Geschwister
	am 22. Februar wegen Hochverrats zum Tode verurteilt, um 17 Uhr in Stadelheim hingerichtet
	am 24. Februar auf dem Perlacher Friedhof in München beigesetzt
2003	Sophies Marmorbüste in der Ruhmeshalle Walhalla bei Regensburg

In Ulm sind die Geschwister in Form von zwei Bronze-büsten im Stadthaus gegenwärtig. Auf dem Münsterplatz sind zu ihrem Gedenken zwei Stelen aufgestellt, in denen je eine stilisierte Rose zu sehen ist, das Symbol der Widerstandsbewegung *Die weiße Rose*.

Im Zuge der Neugestaltung der früheren Neuen Straße ist ein Platz entstanden, der den Namen *Hans und Sophie Scholl* trägt. In Neu-Ulm gibt es eine *Geschwister-Scholl-Straße*. Das Andenken an die Geschwister ist in Ulm nicht ohne Widerstände realisiert worden. Als Inge Aicher-Scholl die Geschwister-Scholl-Stiftung gründete, wurden sie, ihre Familie, die toten Geschwister und ihre Freunde verleumdet.

Auch der Bayerische Ministerrat hat sich schwer getan mit der Entscheidung, Sophie Scholls Büste in der Ruhmeshalle Walhalla aufzustellen. Er stellte sich ein Jahr lang quer.

„Sophie hätte sich über den Heldenkult um ihre Person furchtbar geärgert." Das meint die Schwester Elisabeth, als Sophies Büste in Walhalla aufgestellt wird.

Wer ist diese junge Frau, die zusammen mit ihrem Bruder wegen Volksverhetzung zum Tode verurteilt wird? Als Sophie vor dem Volksgerichtshof steht, ist sie 21 Jahre alt, ihr Bruder 24. Sophie geht ohne mit der Wimper zu zucken mit dem Scharfrichter zum Schafott. Und Hans ruft: „Es lebe die Freiheit!"

Sophie Scholl sind die Ungereimtheiten der national-sozialistischen Ideologie sehr früh bewusst. „Warum darf eine blonde, blauäugige Mitschülerin nicht in die Hitler-

Familie Scholl
(v.li.n.re.) Sophie,
Hans, Inge, Werner,
Mutter Magdalene,
ein Pflegesohn,
Vater Robert,
Elisabeth

jugend, nur weil sie Jüdin ist?", fragt sie, „wo doch blaue Augen und blondes Haar dem Idealtyp der Nazis entsprechen?" Sophie lässt sich Zeit, etwas zu überdenken.

Hans gilt als lebhaft und ungestüm. Als Führer in der Hitlerjugend wird er ausgewählt, am Nürnberger Parteitag teilzunehmen und kommt sehr nachdenklich zurück. Er engagiert sich stärker in der Gruppe dj.1.11, wo man nicht die Lieder der Nazis singt.

Als Sophie Scholl zum Studium nach München kommt, haben Hans und ein enger Freund bereits vier Flugblätter verfasst und verteilt. Sie rufen zum Widerstand gegen Hitler und den Krieg auf. Hans schreibt an einen Freund: „Und schließlich der grauenhafte Krieg, dieser Moloch, der von unten herauf in die Seelen aller Männer schlich und sie zu töten versuchte, machte mich noch einsamer." Er hatte gehört, dass polnische Juden ermordet und Geisteskranke vernichtet wurden.

Hans will seine Schwester aus der konspirativen Arbeit heraushalten, aber diese entschließt sich nach einer Bedenkzeit mitzumachen. In ihrem Tagebuch notiert sie: „Man muss einen harten Geist und ein weiches Herz haben."

Die Flugblätter erscheinen unter dem Namen *Die weiße Rose*. Sie werden vervielfältigt und von unterschiedlichen Städten aus verschickt. Niemand außerhalb der Gruppe soll gefährdet werden. Vor allem die Familie soll geschützt werden. Einmal zeigt eine Ulmerin der Schwester Inge ein Flugblatt. Diese ahnt, dass ihre Geschwister dahinterstecken könnten und erkennt die Gefahr. Sie nimmt das Blatt an sich und vernichtet es.

Bei einer Veranstaltung zum 450. Gründungstag der Universität München kommt es zu einer offenen Rebellion der Studenten. Der Gauleiter brüllt, die Studentinnen sollten statt zu studieren, dem Führer jedes Jahr ein Kind schenken. Hans wird gewarnt. „Dann müssen wir noch einmal aktiv werden, bevor wir unschädlich gemacht werden", ist seine Antwort. Am Morgen steht „Freiheit" an der Mauer der Universität.

Als Hans und Sophie das letzte Flugblatt in den Fluren der Universität verteilen, werden sie beobachtet und kurz darauf abgeführt. Schon drei Tage später nehmen die Geschwister und ihr Freund Christian Probst in standhafter Haltung den Richterspruch entgegen: Tod durch das Beil.

Erdmute Dietmann-Beckert

Ziel

Eine Fürstin mit scharfem Verstand

**KATHARINA,
GROSSFÜRSTIN VON RUSSLAND (1788–1819)
KÖNIGIN VON WÜRTTEMBERG (1816–1819)**

1788 am 21. Mai Geburt Katharinas, Großfürstin von Russland, in Zarskoje Selo bei Petersburg. Eltern: Zar Paul von Russland (1796–1801) und Maria Feodorowna, vor dem Sophie Dorothea von Württemberg, Schwester von König Friedrich I. von Württemberg.

1816 am 24. Januar Heirat mit Kronprinz Wilhelm von Württemberg (1781–1864).

Regierungsantritt von König Wilhelm I. und Königin Katharina von Württemberg.

Geburt der Tochter Marie (†1887)

1818 Geburt der Tochter Sophie (†1877)

1819 am 9. Januar: überraschender Tod Katharinas von Württemberg

Sozialpolitische Erfolge Königin Katharinas:

1816 Gründung des Allgemeinen Wohltätigkeitsvereins am 29.12., Vorsitzende der Zentralleitung: Königin Katharina.

1817 Aufhebung der Leibeigenschaft der Bauern, Gründung von Industrieanstalten bzw. Industrieschulen.

Gründung des Haupt- und Landgestüts in Marbach, des Landwirtschaftlichen Vereins und der Hilfskasse.

Gründung des Katharinenstifts in Ulm.

1818 Gründungen: Landwirtschaftsschule, heute Universität, in Hohenheim, der Armenkommission, von Suppenanstalten, der Württembergischen Sparkasse in Stuttgart. Daraus entwickelte sich die Württembergische Landessparkasse, heute Baden-Württembergische Bank.

1818 am 30.06. im Regierungsblatt bekannt gegebene Gründung einer „Öffentlichen Erziehungs- und Unterrichtsanstalt für Töchter aus den gebildeten Ständen", das heutige Katharinenstift in Stuttgart.

1828 Eröffnung des nach der Königin benannten und auf ihren Plänen beruhenden, heute vergrößerten Katharinenhospitals in Stuttgart.

1869 beschloss Ulm, zum fünfzigsten Todestag der Königin die Straße Katharinenberg nach ihr zu benennen.

„Die Königin hat ein Vergeltsgott verdient!", schrieb ein Zeitgenosse mit großen Schriftzügen in seine Chronik, als er vom raschen Tod der jungen württembergischen Landesherrin hörte. Er berichtete außerdem über die schreckliche Situation im Land nach langen Kriegsjahren, Seuchen und Hungerzeiten und packte seine Erlebnisse in den schlichten Satz: „Arme und Reiche nagen am Hungertuch." Das war wohl noch nie da, dass auch die Reichen darben mussten. Nun aber lag das neue Land Württemberg am Boden, die Missernten von 1815 und 1816 hatten die verheerende Not vervielfacht. Die gesamte Energie des Volkes und seiner Regierung, König und Königin inbegriffen, war gefordert, um die Katastrophe zu überwinden.

Als König Wilhelm I. nach achtundvierzigjähriger Regierungszeit starb, war aus dem Land der „Hungerleider" ein solider Staat gewachsen, in dem sich die Einkommensverhältnisse soweit gebessert hatten, dass niemand mehr am nackten Elend zugrunde gehen musste. Dazu hatte die zielstrebige und willensstarke Königin Katharina in nur drei Ehejahren Hervorragendes beigetragen. Sie selbst erstellte den Plan, in dem die Bestellung von Armenärzten, Bezahlung von Arzneimitteln, Anschaffung von Kleidungsstücken, Brennmaterialien, Lebensmitteln und die Austeilung von Hilfsgeldern an Arme als vordringlichste Aufgabe bezeichnet wurde. Aufgrund dieses Entwurfs wurde der *Allgemeine Wohltätigkeitsverein* zum Jahresende 1816 gegründet und die Königin selbst übernahm den Vorsitz.

Neben der Armutsbekämpfung hatte der Wohltätigkeitsverein die Aufgabe, durch freiwillige Beiträge, unent-

Grabkapelle auf dem Württemberg in Stuttgart-Rotenberg

geltliche Dienstleistungen, ebenso wie durch Spendenaufrufe über die Landesgrenzen hinweg einen soliden finanziellen Grundstock zu schaffen. Zwar leistete der Staat selbst einen ansehnlichen Beitrag dazu, doch wichtigster Geldgeber blieben Königin Katharina und die königliche Familie.

Auch organisatorisch ging die Königin über die Maßen geschickt vor. Alle wichtigen Funktionsträger im Königreich wurden zum Beitritt in den Wohltätigkeitsverein verpflichtet. Somit waren sowohl die landesweite Verbreitung wie auch die Einrichtung der Vereine gesichert. Bereits Ende 1818 existierten, außer den Oberamtsleitern, 1665 lokale Leiterstellen. Die geistlichen Ämter beider Konfessionen waren ebenfalls mit eingebunden.

Der Zentralleitung in Stuttgart gehörten außer der Königin eine Auswahl von Abgeordneten aller Schichten an, ohne Unterschied ob Mann oder Frau – für die damalige Zeit ein Paradebeispiel demokratischer Denkweise und ein Markenzeichen politischen Weitblicks. Die Königin hatte sich niemals an überlebten Konventionen und Standesvorurteilen orientiert, so wurde berichtet. Außerdem verfügte sie über genügend Überzeugungsfähigkeit, um ihre Vorhaben durchzusetzen. Denn ihre Rede, so hieß es unter den Zeitgenossen, „sei von bezaubernder Lieblichkeit" gewesen, abgesehen davon, dass sie über einen raschen, wenn nicht gar scharfen Verstand verfügte.

Der von Königin Katharina gegründete Wohltätigkeitsverein und seine Zentralleitung hatten in Württemberg auf allen Gebieten der Wohlfahrtspflege nachhaltige Wirkung, dies nicht zuletzt, weil er stets den regierenden Monarchen unterstellt blieb.

Die von der Königin eingerichtete Sparkasse arbeitet heute noch unter der Bezeichnung *Baden-Württembergische Bank*. Die Landwirtschaftliche Akademie in Hohenheim, ebenfalls eine Gründung der Königin Katharina, heute Universität Hohenheim, stellte ihr zu Ehren an ihrem 220. Geburtstag ein kunstvolles Denkmal in den Schlosspark.

Ursula Bischoff

KÖNIGIN OLGA

1822 in Petersburg geboren.

1848 heiratete sie den späteren König Karl von Württemberg.

1863 adoptierte das Kronprinzenehepaar eine Nichte Olgas.

1871 verlor Württemberg infolge der Reichsgründung weitgehend seine Souveränität.

1892 starb Olga in Friedrichshafen.

KÖNIGIN OLGA (1822–1892)

Soziales Engagement erobert die Herzen

2008 erwarb Baden-Württemberg bei Christie's in London ein Porträt der Königin Olga, gemalt von Franz Xaver Winterhalter, zum stolzen Preis von 1,4 Millionen Euro. Einige Zeit vorher stand bei Christie's schon einmal ein Erbstück aus dem Besitz Königin Olgas, ein Gürtel, zur Versteigerung an. Auf der Gürtelschließe glitzern Diamanten, Smaragde, Rubine, Saphire und Türkise. Der Gürtel trägt zwar nicht die Signatur eines Meisters, gibt aber den Taillenumfang der Königin preis: 74 Zentimeter. Der Gürtel war ein Geschenk von Zar Nikolaus I. von Russland an seine junge Tochter.

Olga von Württemberg ist die Lieblingstochter des russischen Zaren, der mit der deutschen Prinzessin Charlotte von Preußen verheiratet ist. Olga ist das dritte von sieben Kindern, bildschön und sehr begabt und gilt als eine der besten Partien in Europa. Sie spricht mehrere Sprachen und beschäftigt sich mit Malerei und Musik. 1848 heiratet sie mit 24 Jahren in St. Petersburg den Thronfolger und späteren König Karl I. von Württemberg. Olgas Schwiegervater König Wilhelm I. erhofft sich von dieser Ehe eine Erneuerung der dynastischen und politischen Verbindung zwischen Württemberg und Russland.

Die Ehe wird aber nicht glücklich, da Karl homophile Neigungen hat. Sie bleibt kinderlos.

1863 adoptiert das Kronprinzenehepaar eine Nichte Olgas, die neunjährige Wera.

Olga resigniert nicht, im Gegenteil, sie findet ein reiches Betätigungsfeld in sozialen und karitativen Aufgaben. Noch heute geben viele Einrichtungen Zeugnis von ihrem Engagement. Olga gründet in Stuttgart die

Königin Olga von Württemberg, gemalt von Franz Xaver Winterhalter

Mädchenschule Königin-Olga-Stift und modernisiert die Lehrpläne für Mädchen. Die Königin wird Schirmherrin der Olgaschwestern, die Pflegedienst in Krankenhäusern und Gemeinden verrichten. Olga stirbt 1892 in Friedrichshafen und wird in Stuttgart in der Gruft im Alten Schloss beigesetzt.

Sicher ist vielen nicht bewusst, wenn sie mit der Straßenbahn vom Bahnhof in den östlichen Teil der Stadt zum Willy-Brandt-Platz fahren und an öffentlichen Gebäuden wie der Hauptpost, dem Theater, dem Gerichtsgebäude oder einer Kirche vorbeikommen, dass eine der Hauptverkehrsstraßen der Stadt nach einer württembergischen Königin benannt ist.

Agathe Wende

Soziale

ULMER SAMMLUNG (1230–1808)

600 Jahre einflussreiches Frauenzentrum in Ulm

ULMER SAMMLUNG

Um 1230 Gründung des Barfüßerklosters auf dem heutigen Münsterplatz. Kurz darauf Gründung der ersten Beginengemeinschaft in Ulm außerhalb der Klostermauer, aus der wahrscheinlich die Ulmer Sammlung hervorging.

1284 Erste überlieferte Urkunde zur Ulmer Sammlung.

1313 Vertrag der Sammlungsfrauen mit ihren Seelsorgern vom Dritten Orden den Franziskanern im Barfüßerkloster.

1387 Bezug des Hauses in der Frauenstraße, das die Sammlungsschwestern von der Patrizierfamilie Krafft erworben hatten.

1406/10 Kauf des Dorfes Ersingen.

1421 Erwerb eines Großteils der Höfe des Dorfes Asselfingen.

1530 Ulm wurde durch Bürgerentscheid protestantisch.

1536 Die katholischen Schwestern bekannten sich am 5.7. zu einer ökumenischen Gemeinschaft und waren in der Folge dem Rat der Stadt als evangelisches Damenstift unterstellt.

1584 Neue Verordnung vom Rat der Stadt: Die Schwestern sollten ihre geschäftlichen Aktivitäten außerhalb der Sammlung einschränken.

1635 Als Auswirkung des Dreißigjährigen Krieges starben etwa 13.000 Menschen in Ulm an der Pest, darunter einige der Sammlungsschwestern.

1654 In der Sammlung wohnten nur noch drei Schwestern und die Meisterin. Einsatz des städtischen Hofmeisters und Absetzung der Meisterin.

1704 Mit dem Eintritt von Barbara Kluntz befanden sich fünf Bewohnerinnen im Sammlungsstift.

1802 Ulm wurde bayerisch und war keine freie Reichsstadt mehr.

1808 Auflösung der Ulmer Sammlung durch die bayerische Regierung.

1809 Übertragung des gesamten Vermögens der Sammlung von über 200.000 Gulden an das staatliche Damenstift St. Anna in München.

1810 Nach dem Vertrag zu Compiègne kam Ulm und somit das Vermögen der Sammlung nach Württemberg zurück. In der Folge nutzte die evangelische Kirche das Haus.

1858 Mädchen-Mittelschule zog ins Sammmlungsgebäude ein.

1875 Schul-Neubau im Garten des Anwesens der ehemaligen Sammlungsschwestern.

1930 Mädchenoberrealschule in der *Sammlungsschule.*

1944 Zerstörung des Areals.

Die Sammlungsgasse erinnert an ein bedeutendes Kapitel in der Ulmer Stadt- und Frauengeschichte. Das Landesprojekt *Leistungen von Frauen sichtbar machen* veranlasste die Stadt 2002 zur Errichtung von sieben Stelen, davon eine für die Sammlungsfrauen. Und seit 2006 informiert *Das Fenster in die Geschichte* in der Frauenstraße 22/24, dem Nachfolgegebäude des Anwesens der Ulmer Sammlungsschwestern, über deren 600-jährige Geschichte als ordensfreie, von Beginen gegründete Frauengemeinschaft.

Ihren ersten Wohnsitz hatten die Frauen auf dem heutigen Münsterplatz. Um für den Bau der neuen Bürgerkirche Platz zu machen, erwarben sie Ende des 14. Jahrhunderts das stattliche Anwesen in der heutigen Frauenstraße.

Es ist anzunehmen, dass viele Töchter von Patrizierfamilien und des Landadels der Sammlung beitraten, um der Unfreiheit in einer Ehe zu entgehen. Dabei kam nicht nur ein ansehnliches Vermögen in die Gemeinschaft. Die Frauen waren sehr gebildet, talentiert und förderten Bildung, Wirtschaft und Kultur. Sie hatten Bürgerrechte. Mit ihrem Engagement für die hilfsbedürftigen, kranken und sterbenden Mitbürgerinnen und Mitbürger leisteten sie einen wichtigen Beitrag für den sozialen Frieden und hatten darum starken Rückhalt in der Gesellschaft.

Aus ihrer Mitte wählten sie eine Meisterin und vier Schwestern für je einen Kompetenzbereich. Die Kornmeisterin war für die Landwirtschaft und Bewirtschaftung der verschiedenen Sammlungshöfe verantwortlich. Die Kellerin organisierte Hauswirtschaft, Vorrat und Verpflegung. Die Schreiberin fungierte als Sekretärin und Archivarin und die Zinsmeisterin war Fachfrau für das Finanzwesen.

Modell des Gebäudes der Ulmer Sammlung in der Frauenstraße

Neben zahlreichen Grundstücken in Ulm und Umgebung kauften die geschäftstüchtigen Frauen außerdem das Dorf Ersingen und große Teile von Asselfingen auf und erwarben damit die Herrschaftsrechte. Sie bauten die Dorfkirche in Ersingen, besaßen die kleine Gerichtsbarkeit und stellten den Pfarrer ein sowie einen Amtmann für die Gemeindeverwaltung.

Viele Sammlungen und Beginengemeinschaften wurden nach der Reformation im 16. Jahrhundert aufgelöst. Die Sammlungsschwestern in Ulm konnten sich außergewöhnlich gut behaupten und blieben als evangelisches Frauenstift bis zur Säkularisierung bestehen. Ansinnen zur Unterdrückung widerstanden sie mit großem Selbstbewusstsein.

Der Rat der Stadt und die Kirche verfolgten jedoch den wirtschaftlichen und kulturellen Betrieb, der auf das Stadtgeschehen immer größeren Einfluss hatte, mit wachsamen Augen. Im 17. Jahrhundert wurde ihnen anstelle der Meisterin ein städtischer Hofmeister zugeordnet, den sie respektlos *Ökolampadius* nannten. Doch die städtischen Maßnahmen bewahrten sie nach den Katastrophen wie Pest und Krieg gleichzeitig vor dem finanziellen Ruin.

Die Ulmer Sammlungsfrauen beeinflussten die Stadtgeschicke mit ihren Aktivitäten jahrhundertelang. Zu Lebzeiten der Musikpädagogin und Komponistin Barbara Kluntz, Anfang des 18. Jahrhunderts, hatte sich die Sammlung zu einem kulturellen und musischen Mittelpunkt der Stadt entwickelt.

Nach der Auflösung der Sammlung am Ende der Reichsstadtzeit wurde das Gebäude zunächst von der evangelischen Kirche genutzt.

Seit Mitte des 19. Jahrhunderts war das Anwesen der Ulmer Sammlung mit der Mädchen- und Frauenbildung eng verbunden. Zunächst zog die Mädchen-Mittelschule in das alte Gebäude, später die weibliche Fortbildungsschule. 1875 errichtete die Stadt ein großes neues Schulhaus im Garten der ehemaligen Ulmer Sammlung. Es bot Raum für eine Grundschule, die öffentliche Mädchen-Mittelschule, die Höhere Töchterschule und die neu gegründete Frauenarbeitsschule. In der Mädchen-Oberrealschule legten 1933 dort die ersten Mädchen das Abitur ab. Die älteren Ulmerinnen erinnern sich noch gut an ihren Besuch in einer der Schulen, die bis zur Zerstörung am unheilvollen 17. Dezember 1944 dort untergebracht waren. Doch erst in den letzten Jahren erfuhren sie, dass sie Sammlungsschule hieß, weil es der Ort der Ulmer Sammlung war. Ilse Schulz (†2009) grub deren Geschichte wieder aus und machte unermüdlich darauf aufmerksam.

Brigitte Nguyen-Duong

WERA KONSTANINOWA ROMANOWA (1854–1912)

„Wenn Lieben meinem Herzen fehlt, fehlt mir die ganze Welt"

WERA KONSTANINOWA ROMANOWA

Großfürstin von Russland, Herzogin von Württemberg

1854 Geboren am 16. Februar in Sankt Petersburg. Ihr Vater war Großfürst Konstantin von Russland (1817–1892), ihre Mutter Alexandra von Sachsen-Altenburg (1830–1911).

1863 wurde sie von König Karl I. von Württemberg und Königin Olga von Württemberg adoptiert.

1874 Heirat. Ihr Ehemann war Wilhelm Eugen, Herzog von Württemberg (1846–1877). Ihre Schwiegereltern waren Herzog Eugen Wilhelm Alexander von Württemberg und Mathilde von Württemberg, geb. Prinzessin zu Schaumburg-Lippe.

Aus der drei Jahre dauernden Ehe gingen drei Kinder hervor: Karl Eugen (1875–1875), Elsa (1876–1936), verm. 1897 mit Prinz Albert von Schaumburg-Lippe (1869–1942), Olga (1876–1932) verm. 1898 mit Prinz Maximilian von Schaumburg-Lippe (1871–1904).

1912 am 11. April starb Herzogin Wera. Sie wurde in der Schlosskirche in Stuttgart bestattet.

Stiftungen der Herzogin Wera von Württemberg:

- Stiftung zugunsten der Heilandskirche und ihrer Gemeinde in Stuttgart.
- Zufluchtsstätten in Württemberg zugunsten heimatloser Mädchen und werdender Mütter ab 1908, die Wera-Heime.
- Seit 1888 hatte Wera beim 1. Württembergischen Ulanen-Regiment König Karl Nr. 19 den (Ehren-)rang eines Generalmajors inne.
- Karl I. und seine Gemahlin Olga, Großfürstin von Russland, und Herzog Wilhelm Eugen von Württemberg und seine Gemahlin Wera, Großfürstin von Russland ruhen in Sarkophagen, die Wera von Württemberg gestiftet hatte und die im Gewölbe unter der Kirche des Stuttgarter alten Schlosses aufgestellt sind.

soll das Motto ihres Lebens gewesen sein, eines Lebens, das nicht von vorneherein unter einem glücklichen Stern stand. Wera war, wie es heißt, von ihrer Kindheit an auffallend verhaltensgestört. Wahrscheinlich gaben ihre großfürstlichen Eltern sie erleichterten Herzens an ihre Tante, Königin Olga, die mit König Karl von Württemberg verheiratet und kinderlos war, als diese darum bat. Elf Jahre durfte Wera Tochter dieser wahrhaft liebevollen, gütigen und außerordentlich gebildeten, allem Schönen aufgeschlossenen Zieheltern sein. Ihren gemeinsamen Wohnsitz in der Villa Berg mit seinem riesigen Park, den König Karl vordem im italienischen Neorenaissance-Stil erbauen ließ, liebte Herzogin Wera über alles und wohnte dort bis an ihr Lebensende. Als Wera im Alter von zwanzig Jahren den württembergischen Herzog Eugen Wilhelm heiratete, war aus der fremdartigen Zarentochter eine liebevolle und mütterliche Frau geworden.

Ihre Fähigkeit, sich in sozial schwache Mitmenschen hineinzuversetzen und zu erfühlen, wie und womit sie ihnen beistehen könnte, erfüllte sie in ihrer zweiten Lebensphase. „Sie engagierte sich ohne viel Aufhebens und ohne Dankbarkeit zu erwarten. Sie gab von den ihr zur Verfügung stehenden reichen Mitteln, um denen zu helfen, die in Armut und Not ihr Leben fristen mussten", berichtet ihr Biograf Paul Sauer. Um ihrer Devise gemäß *lieben zu dürfen*, sollte man hinzufügen.

Ihren letzten Lebensabschnitt verbrachte Herzogin Wera mit Hingabe in der Nähe ihrer Tochter Olga in Schloss Ludwigsburg. Die beiden Enkelsöhne hatten offen-

sichtlich einen strengen, preußischen Erzieher nötig. Rudolf Thietz berichtete an seine Eltern von seinen pädagogischen Erlebnissen in der Familie. Selbst die Großmutter Wera, eine „interessante, ältere Dame", entkam seiner spitzen Feder nicht. Sie würde in Württemberg allgemein mit „Schwester Wera" angesprochen, weil sie Gemeinschaftskreisen nahe stünde.

Auch am Weihnachtsfest 1906 waren Wera und ihr Gefolge, Kammerherr und Hofdame, wieder Gäste bei der Tochter und Thietz berichtete: „Wir hatten den Baum alle zusammen geschmückt: Frau Prinzessin in einer großen Kittelschürze. Das sah urkomisch aus. Die Dienerschaft versammelte sich – auf der einen Seite des großen Gabentisches die Männchen, auf der andern die Weibchen. Prinz Albrecht sagte die Weihnachtsgeschichte auf, dann folgte ein kleines Konzert, Frau Prinzessin spielte Klavier, Prinz Eugen Cello. Die Bescherung übernahm die Prinzessin selbst. Die ungeduldigen Kinder kamen zuerst an die Reihe, dann folgte die Dienerschaft, schließlich die Familie. Frau Prinzessin machte alles sehr nett. Strahlend in ihrem liebenswürdigsten Lächeln trat sie an die Betreffenden heran und geleitete sie zu ihrem Gabentisch. Nachher ging Frau Prinzessin nochmals mit ihrer Mutter

die Reihen entlang und Herzogin Wera unterhielt sich mit jedem einzelnen."

Allerdings, so mokierte sich der Lehrer Thietz, sollte bei einem Weihnachtsfest der „Gegensatz zwischen der Familie und den Leuten" nicht zu stark hervortreten, denn die Familie sei von „den Leuten" durch den großen breiten Raum getrennt gewesen, „da standen sie nun schön ausgerichtet, einer neben dem anderen wie die Ölgötzen und warteten geduldig auf den Augenblick ihrer Bescherung. Das machte einen sehr steifen mir geradezu peinlichen Eindruck. Dabei hatte ich die Empfindung als läge diese Steifheit weniger an der Prinzessin als an ‚den Leuten' selbst."

Nur noch sechs Jahre wird Herzogin Wera mit ihren Lieben feiern dürfen. „Die Leute" werden als Soldaten in den Ersten Weltkrieg ziehen müssen. Und das Volk wird 1918 die Herrscherhäuser ablösen und die Demokratie einführen. Doch Herzogin Weras soziale Werke und die ihrer Vorgängerinnen werden noch lange Bestand haben.

Eine Straße widmete ihr die Stadt Ulm erst 1954, weit ab von der Ulanenkaserne in der Sedanstraße, nämlich auf dem Michelsberg.

Ursula Bischoff

Neu-Ulm Mitte

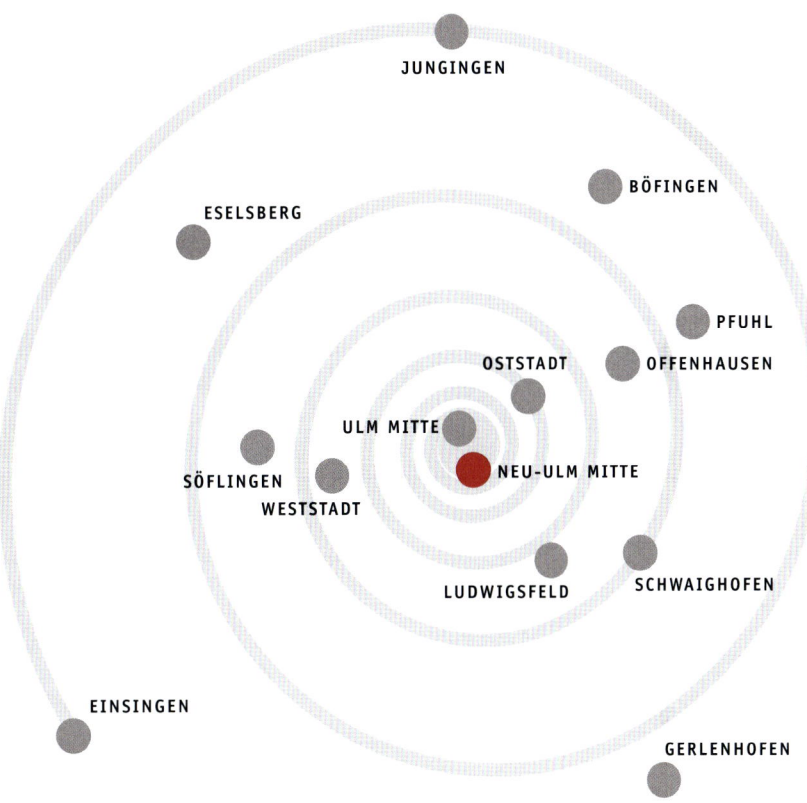

JUNGINGEN

BÖFINGEN

ESELSBERG

PFUHL

OSTSTADT   OFFENHAUSEN

ULM MITTE

NEU-ULM MITTE

SÖFLINGEN
WESTSTADT

LUDWIGSFELD   SCHWAIGHOFEN

EINSINGEN

GERLENHOFEN

GRETHE WEISER (1903–1970)

Quasselstrippe und Charakterdarstellerin

GRETHE WEISER

1903	Geburt von Mathilde Ella Dorothea Margarethe Nowka am 27.02. in Hannover. Eltern: Gottlieb Ernst Ludwig Nowka und Ella Nowka, geborene Schimke, Hochbau-Unternehmer in Klotzsche und Dresden.
1909–1919	Besuch der Höheren Töchterschule und der Friedel-schen Privatschule in Blasewitz.
1920	Heirat mit dem jüdischen Süßwaren-Großhändler und späteren Fabrikanten Josef Weiser.
1922	Geburt des Sohnes Rolf Günther Weiser. Mitte der Zwanzigerjahre Verkauf des gemeinsamen Unternehmens. Gründung des Kabaretts *Charlott* in Berlin am Kurfürstendamm. Grethe Weiser wurde dort „Mädchen für alles". Die Ehe zerbrach. Sie nahm Gesangs- und Schauspielunterricht, trat als Soubrette und Komike-rin in zahlreichen Kabaretts, Revuen und Operetten auf.
1928–1930	Vertragsabschluss mit der Volksbühne Berlin, Auf-tritte am Thalia-Theater in Hamburg, im Komödien-haus in Dresden, auch als Chansonsängerin.
ab 1932	Regelmäßige Engagements als Filmschauspielerin.
1934	Scheidung von ihrem Mann; Verbindung mit dem Filmjuristen und -produzenten Dr. Hermann Schwerin, Heirat 1958. Der Sohn blieb bei der Mutter.
1937	erste Hauptrolle und großer Erfolg in dem Film *Die göttliche Jette* von Erich Waschneck, zusammen mit Viktor de Kowa und Kurt Meisel.
1939–1945	wirkte Grethe Weiser in über dreißig Filmen mit. Politische Angebote lehnte sie ab.
ab 1948	Partnerschaft mit Ida Ehre, der Leiterin der Hambur-ger Kammerspiele. Bei der Inszenierung von *Das Kuckucksei* (1949) erhielt Weiser die Hauptrolle als Mary Miller, ihre Paraderolle.
ab 1953	In den Aufführungen von *Der Biberpelz* von Gerhart Hauptmann übernahm sie die Rolle der Mutter Wolffen.
1966	spielte sie die ernste Rolle der sterbenden Toiletten-frau Nomsen in *Der Meteor* von F. Dürrenmatt.
1968	wurde Grethe Weiser das Bundesverdienstkreuz verliehen.
1970	verunglückte sie nach Abschluss der Fernsehversion von *Das Kuckucksei* tödlich mit dem Auto.

„Mitten im Krieg, noch 1943, als es wirklich schon nix mehr zu lachen gab, da lachten die Berliner noch über mich", stellte die beliebte Schauspielerin Grethe Weiser fest. Und die Rezensenten fragten sich, wie diese „Ulknudel" das bloß anstellte.

Grethe Weiser hatte sich in die großen wie auch den unscheinbaren Rollen der Haushälterinnen und Dienstmäd-chen so leicht eingelebt, weil sie ihre ersten Schritte in der Welt der Komik längst hinter sich gebracht hatte, als sie noch die Ehefrau von Josef Weiser war. In seinem Theater Charlott am Kurfürstendamm war sie einfach „Mädchen für alles", tagsüber Reinigungsfrau, abends Diseuse, alles war ihr wie auf den Leib geschnitten.

Nebenher nahm Grethe Weiser Schauspiel- und Gesangs-unterricht. Von 1928 bis 1930 war sie an der Volksbühne in Berlin tätig, aber auch am Thalia Theater in Hamburg oder am Komödienhaus in Dresden bekam sie Rollen. Der wirtschaftliche Niedergang der Dreißigerjahre war schwierig, auch für Grethe Weiser und viele andere ihres Fachs. Sie arbeitete bei der Volksbühne für nur sechzig Mark im Monat. Als ein Kollege sich erkundigte, wer denn der „blonde Tram-pel" sei, wechselte sie, vielseitig wie sie war, spontan zur Operette und zur Komischen Oper in Berlin, und zwar zeit-gleich. Oft lagen die Aufführungszeiten so eng beieinander, dass sie unterwegs im Auto eilends ihre Kostüme austau-schen musste. Aber es lohnte sich, denn der große Hans Albers selbst hatte sie wahrgenommen und nicht nur das, er hatte sich sogar teilnahmsvoll erkundigt, wer denn „der Krümel" sei. Daraufhin stieg die Gage der jungen Darstelle-rin prompt von drei auf acht Mark pro Abend.

**Eine Autogrammkarte von
Grethe Weiser signiert**

Grethe Weiser war nicht nur hochmotiviert und fleißig, sondern auch mit kleinen und kleinsten Rollen zufrieden. 1932 sprach sie ein Regisseur an: Wenn sie sich aufraffen und früh aus dem Bett steigen könne, dann „kannst' de in meinem neuen Film mitmimen!" Fix antwortete sie: „Wenn es sein muss, stehe ich mitten in der Nacht auf." Sie bekam die Rolle und im Lauf der Zeit wurden es einhundertundfünfzig Filme, in denen sie mitwirkte, ganz auf ihre Art, nämlich „det joldne Herz uffm richtjen Fleck und immer mit'm Munde vornewech", so verdrehte und parodierte sie stets das Textbuch.

„Ich bin die Frau der tausend Männer", sang Grethe Weiser mit tiefer Stimme, Marlene Dietrich imitierend. Sie hatte die Hauptrolle im Film *Die göttliche Jette* übernommen und erlebte ihren Durchbruch. Das Publikum tobte. Ihr Pendant war Viktor de Kowa. Gemeinsam sangen sie unter anderem das Duett *Einmal etwas werden, einmal etwas sein*. Endlich ging Grethe Weisers Wunsch in Erfüllung, ihr Stern stieg am Erfolgshimmel. „Sie hat es geschafft", schrieben die Kritiker: „Das Stück ist nichts, die Weiser ist alles!"

Anlässlich ihres fünfundzwanzigjährigen Bühnenjubiläums unter der Regie von Ida Ehre, der berühmten Hamburgerin und Prinzipalin der Kammerspiele, interpretierte Grethe Weiser die Rolle der Mutter Wolffen in *Der Biberpelz* von Gerhart Hauptmann. Sie erntete einen riesigen Erfolg, aber Grethe meinte nur: „Zum ersten Mal in meinem Leben habe ich in einem Stück gespielt, in dem nicht ein einziges Wort von mir war."

Am selben Theater unter derselben Regie stellte die große Schauspielerin die führende Rolle der Mary Miller in der Posse *Das Kuckucksei* dar und begeisterte damit das Publikum so sehr, dass die beiden Frauen beschlossen, regelmäßig auf Tournee zu gehen. Nach dem plötzlichen Tod Grethe Weisers urteilte die Presse im Nachruf, dass sie nicht nur ein Typ gewesen sei, sondern ein Stück Charakter, zwar hartgesotten, aber menschlich solide fundamentiert.

Charakterstärke lebte sie auch im Privaten, von dem sie nur Spärliches preisgab. Nachdem sie sich von ihrem Ehemann Josef Weiser nach wenigen Ehejahren getrennt hatte, ließ sie sich erst 1934 scheiden, um mit Hermann Schwerin zusammenzuleben, ihrem Partner und zukünftigen Ehemann.

Die Nationalsozialisten wollten Grethe Weiser nicht nur zum Fronttheaterdienst verpflichten, sondern auch als Mitglied der Reichstheaterkammer gewinnen. Beides lehnte sie aus Rücksicht auf ihren früheren Mann und den gemeinsamen Sohn, beide jüdischer Konfession, ab. Ihren Schwiegervater, ebenfalls Jude, hatte sie jahrelang versteckt gehalten und dadurch vor dem Holocaust bewahrt. Zum Glück unterließen die Nationalsozialisten weitere Nachforschungen. Die Komik Grethe Weisers war dem damaligen Regime offensichtlich wichtiger.

Ursula Bischoff

MARGARETHE VON SPEETH

1818	in Bad Mergentheim als Tochter eines bayerischen Obersten geboren.
1851	Heirat mit Eduard Mörike. Übersiedlung nach Stuttgart.
1855	Geburt der Tochter Fanny. Besuch Theodor Storms in Stuttgart.
1857	Geburt der Tochter Marie.
1871	Zunehmende Spannungen zwischen ihr und Mörike.
1873	Endgültige Trennung.
1875	Tod Mörikes nach der Versöhnung mit Margarethe.
1888	Übersiedlung Margarethes nach Neu-Ulm, wo ihre Tochter Fanny mit dem Uhrmacher Hildebrand verheiratet ist.
1903	stirbt sie im Alter von 84 Jahren.

MARGARETHE VON SPEETH (1818–1903)

Gedanken am Grab von Margarethe

Mörike schrieb an seine Frau:

Dieses ist mein permanenter
Oder ewiger Kalender,
Den ich heute lang beschaut
Und mich sehr daran erbaut.
Kunstreich ausgedachter Weise
Zeiget er des Mondes Kreise
Sonnenauf- und Untergänge,
Dazu Nacht- und Tageslänge.
Und bei jener goldnen Zehn
Blieb ich unter hundert Fragen
An die Zukunft stille stehn.
Doch am Ende konnt ich mir
Selber nur das Eine sagen:
Wie ein Pfeil entflucht die Zeit,
Immer wechselt Lust und Leid
Liebe währt in Ewigkeit.

Bevor ich etwas über Margarethe von Speeth schreibe, entschließe ich mich, ein paar Blumen an ihrem Grab niederzulegen. Denn sie ist in Neu-Ulm begraben. Welche Blumen soll ich ihr bringen? Einen Strauß Veilchen, als Symbol des Frühlings? Doch der Plan gerät in Vergessenheit. Ich denke nicht mehr an das Grab, bis eine Ulmer Freundin, der ich davon erzählt hatte, vorbeikommt und vorschlägt: „Heute fahren wir nach Neu-Ulm auf den Friedhof."

Eine Mauer umgibt den Friedhof, trennt ihn von der Straße. Durch den kühlen Schatten einer Kastanienallee

Das Grab der Familie Mörike auf dem Neu-Ulmer Friedhof steht unter Denkmalschutz.

gehen wir auf einen wuchtigen, teils von Efeu überwachsenen Grabstein zu. Auf der dunklen Marmortafel steht ein bekannter Name: Margarete Mörike, geb. von Speeth, 1818–1903. Ich fühle mich von Wehmut ergriffen. Hier habe ich vor mir, was von dieser Frau als Erinnerung blieb. Tief und fest ist der Schlaf der Toten. Da tritt ein Mann auf uns zu. „Gehören Sie zur Familie?", fragt er. „Nein." „Dann sind sie also Touristen? Ab und zu kommen ein paar vorbei. Das Grab steht unter Denkmalschutz und wird von der Stadt Neu-Ulm gepflegt", erklärt er uns.

Wie sah das Leben dieser Frau aus? Mit 33 Jahren heiratete Margarethe den damals fast fünfzigjährigen, sehr bekannten Dichter, der bereits jahrelang mit seiner Schwester Klara als Mieter in ihrem Elternhaus wohnte. Mit Margarethe und seiner Schwester zog er dann nach Stuttgart, wo Theodor Storm, der Dichterkollege aus dem hohen Norden, die Familie Mörike besuchte. Er schrieb über Margarethe: „Sie war eine schlanke Gestalt, mit edlen Gesichtszügen und besonders schönen, sanften und dabei doch schelmischen Augen. Frau Gretchen hieß mich im allerschwäbischsten Tonfall willkommen und setzte mir zum Frühstück gesottene Kringel, ungesalzene Butter und Käse vor, nebst selbstgezogenem Wein, der natürlich wie Wasser aus Biergläsern getrunken wurde." Ein Familienidyll, das wohl an der allzu engen Bindung Mörikes zu seiner Schwester zerbrach.

In Neu-Ulm erinnert aber nicht nur das Grab an Margarethe Mörike. Im Kollmannspark, in der Nähe des Wasserturms, ist der Margarethenweg nach der Witwe des Dichters benannt. Einige Zeit nach dem Besuch von Margarethes Grab gehe ich unter den Bäumen des Kollmannsparks spazieren, von denen sich einige sicher noch an diese Frau erinnern können. Wie alle Gestalten einer Legende bewahrt auch Margarethe ihr persönliches Geheimnis und kann sich jederzeit in einen undurchdringlichen Schatten zurückziehen. „Frauen liebte Mörike auf poetische Weise, im Traum und in der Erinnerung", so schrieb eine Chronistin des Dichters. Ich denke an Margarethe und finde sie unter den Bäumen des Parks.

Agathe Wende

MARIE FRIEDERIKE VON PREUSSEN,
Königin von Bayern

1825 am 15.11. in Berlin als Tochter des Prinzen Wilhelm
Carl von Hohenzollern (1783–1851) und Marianne
von Preußen, geborene Maria Anna Amalie Landgräfin
von Hessen-Homburg (1785–1846) geboren.

1842 am 12.11. Heirat mit Kronprinz Maximilian von
Bayern, dem späteren König Maximilian II.

1845 Geburt von Ludwig Otto Friedrich Wilhelm von
Bayern, später König Ludwig II. († 1886).

1848 Geburt von Otto Wilhelm Luitpold von
Bayern, später König Otto I. († 1916).

1864 Tod König Maximilians II. Königin Marie
konvertierte zum Katholizismus und zog sich
auf Schloss Hohenschwangau zurück.

1869 Reaktivierung des Bayerischen Frauenvereins und
Verbindung mit dem Bayerischen Roten Kreuz
unter dem Protektorat der Königin Marie.

1889 am 17.05. Tod der Königin Marie. Beisetzung
auf Schloss Hohenschwangau.

Die sozialen Leistungen der Königin Marie in Bayern
- Abschaffung der Kinderarbeit und Gründung von
  Schulen auf dem Land.
- Errichtung von Anstalten der Armen- und
  Krankenpflege.
- Förderung der ev. Gemeinde und der *Inneren Mission*
  in München.

1848 Gründung des Evangelischen Handwerkervereins.

1850 Gründung des Maria-Martha-Stifts.

1851 Gründung der Protestantischen Rettungs-
und Erziehungsanstalt Feldkirchen.

1853 Gründung eines überkonfessionellen Zentralvereins für
wohltätige Zwecke. Gründung des St. Johannis-Vereins,
der sich für Waisen, Blinde und Taube einsetzt.
Gründung des Maximilians-Waisenstifts
für elternlose Kinder.

1861 Gründung des Magdalenenvereins.

MARIE FRIEDERIKE VON PREUSSEN (1825–1889)

Die Seele des Bayerischen Roten Kreuzes

„Marie ist als einzige von meinen Schwiegertöchtern eine Bayerin geworden", schwärmte der Schwiegervater, der bayerische König Ludwig I., von der preußischen Prinzessin, die sein Sohn Maximilian 1842 geheiratet hatte. Die evangelische Hochzeit fand in Berlin statt, aber ohne ihren Zukünftigen. Ihn vertrat der Bruder der Braut. Eine Prokurativtrauung nannte man das damals. Als die preußische Prinzessin die bayerische Grenze überschritt, zog sie in einem wahrhaft majestätischen Triumphzug durch ihr zukünftiges Land in die Residenzstadt München, wo sie von den königlich-bayerischen Herrschaften liebevoll begrüßt wurde. Am 12. Oktober 1842 erfolgte dann in der Allerheiligen-Hofkirche die zweite Trauung des Kronprinzenpaares nach katholischem Ritus.

Ihre Anpassungsfähigkeit an die bayerische Kultur, die Marie angeblich mühelos schaffte, begeisterte nicht nur den Schwiegervater. Schon als Kind wanderte sie im Riesengebirge in ihrer schlesischen Heimat, beschäftigte sich mit Botanik und anderen örtlichen Besonderheiten. Darum fiel es ihr leicht, sich im ländlichen süddeutschen Raum einzuleben. Auch hier erklomm sie die kleineren Berge, redete mit der Landbevölkerung und erkundigte sich nach Brauchtum und Leben. Sie entwarf ein spezielles Alpenkostüm mit großem breitrandigem Hut und begeisterte sich 1844 für die Stiftung des *Alpenrosenordens*. Bald galt sie landauf, landab als Bayerns geliebte Königin. Kehrte sie jedoch zu Besuch in ihr heimatliches Preußen zurück, so verhielt sich dort die Verwandtschaft, durch und durch evangelisch, merkwürdig reserviert ihr gegenüber.

König Ludwig II. von Bayern, Maries Sohn

Mit romantischen Gefühlen waren die schwierigen Zeiten des Wiederaufbaus und der Neubesinnung nach den Napoleonischen Kriegen und dem wirtschaftlichen Niedergang des Landes nicht zu lösen. Das wusste Prinzessin Marie von ihrer Mutter, die den *Aufruf der königlichen Prinzessinnen an die Frauen im Preußischen Staate* verfasst hatte und damit weit über Berlin hinaus bekannt wurde.

Auch Marie versammelte nach dem Tod ihres Gemahls König Maximilian II. alle im Land bestehenden Kleingruppen von Frauenvereinen zu einem Dachverband, dem *Bayerischen Frauenverein,* der sich 1866 nach dem Beitritt Bayerns zur Genfer Konvention *Bayerischer Frauenverein vom Roten Kreuz* nannte. Bereits im Deutsch-Französischen Krieg von 1870 bis 1871 übernahm dieser Verein Aufgaben der Verwundetenpflege, der Betreuung und Fürsorge für die ausziehenden und heimkommenden Soldaten, die Einrichtung von Feldlazaretten und Spitälern und die Ausstattung der Sanitätszüge. Nach dem Kriegsende entschied der Vorstand, dass man sich auch in Friedenszeiten der Gesundheitspflege im weitesten Sinn widmen wolle, wie zum Beispiel durch gesundheitliche Aufklärung der Bevölkerung, Bekämpfung von Seuchen, den Bau von Krankenhäusern. Ohne professionelle Pflegerinnen, das sah man bald ein, ließen sich solche weitgespannten Ziele nicht ausführen. Wieder durch Initiative der Landesmutter und Patronatsinhaberin, der Königin Marie, entstanden Schwestern- und Pflegerinnenschulen, Schwesternalters-

heime, dazu eine Krankenpflege-Hochschule, die erste in Europa. Letztendlich entwickelte sich durch den weitverzweigten und vielseitigen Einsatz der bisher berufslosen Frauen ein neues weibliches Berufsbild, das in der Öffentlichkeit große Wertschätzung und hohe Anerkennung fand. Königin Maries mutige Haltung und ihre positive Lebenseinstellung waren beispielhaft in Bayern.

Aber im privaten Bereich der königlichen Familie zogen dunkle Wolken auf. Die beiden Söhne kränkelten. Die katholische Kirche beeinflusste Marie, ihrem evangelischen Glaubensbekenntnis abzusagen. Sie konvertierte zum Katholizismus. 1889 starb die große Wohltäterin, Königin Marie von Bayern, auf Hohenschwangau.

Ursula Bischoff

33

ROMY SCHNEIDER

1938	In Wien als Rosemary Magdalena Albach-Retty geboren. Eltern sind die berühmten Schauspieler Magda Schneider und Wolf Albach-Retty.
1944	Einschulung in Berchtesgaden.
1949	Wechsel ins Internat Goldenstein in Salzburg.
1953	Ihr erster Film *Wenn der Weiße Flieder wieder blüht*, ihre Mutter ist Hauptdarstellerin.
1955	Erster Teil der *Sissi*-Trilogie, internationaler Durchbruch.
1956	Geht mit ihrer großen Liebe Alain Delon nach Paris.
1959	Verlobung mit Alain Delon (1964 Trennung).
1961	Erstes und letztes Theaterengagement bei Luchino Visconti
1977	Geburt von Tochter Sarah Magdalena. Filme: *Blutspur, Die Liebe einer Frau, Der gekaufte Tod, Die zwei Gesichter einer Frau.*
1981	Sohn David verunglückt im Alter von 14 Jahren. Filme: *Das Verhör* und *Die Spaziergängerin von Sans-Souci.* Dieser Film ist das erste Projekt, das sie selbst initiiert hatte; es wird ihr letzter Film.
1982	Am 29.05. in Paris gestorben.

Preise und Auszeichnungen

1976/1979	CESAR, beste Schauspielerin in den Filmen *Nachtblende* und *Eine einfache Geschichte*.
1977	Filmband in Gold, beste Hauptdarstellerin in *Gruppenbild mit Dame*.
1982	Preis der Internationen Filmfestspiele für *Die Spaziergängerin von Sans-Souci*.

Romy Schneider gehört zu den wenigen Weltstars, die das deutsche Kino nach dem Zweiten Weltkrieg hervorgebracht hat. Mit ihren 60 Spielfilmen, die sie in fast drei Jahrzehnten ihrer künstlerischen Karriere drehte, hinterließ sie ein Werk, in dem sich die Wandlung des Frauenbildes eindrucksvoll spiegelt. Für 2009 ist eine Kinoverfilmung von Romys Leben geplant.

ROMY SCHNEIDER (1938–1982)

Ein ungeschriebener Brief

Mein geliebtes Sarahkind,

wie gern würde ich meine Gedanken mit Dir austauschen, in Mariengrund, Paris, Berlin oder in Ramatuelle, wo es uns beiden besonders gut ging. Aber ich habe Dich zu früh verlassen, du warst ja gerade erst fünf Jahre alt. Für eine innige Beziehung zu Dir, wie ich sie zu Deinem geliebten Bruder David hatte, blieb mir nicht mehr die Zeit. David war mir schon als Kind Freund, Gefährte und Stütze, bevor er mit vierzehn Jahren verunglückte. Sarah, Du bist jetzt zu einer jungen, gut aussehenden Frau herangereift und hast nach Deinem Studium der Kunstgeschichte beschlossen, in meine Fußstapfen zu treten. Aber es fragt sich, ob ein Leben wie meines zu dieser Laufbahn ermutigt. Schon als Kind liebte ich die Schauspielerei. Sie wurde mir von Deinen Großeltern in die Wiege gelegt. Bereits die Mutter deines Großvaters, Rosa Albach-Retty, war eine berühmte Burgschauspielerin in Wien. Ich hatte kein behütetes Zuhause in Berchtesgaden, wie Du Dir denken kannst, wenn beide Eltern ständig unterwegs waren. Oma Maria glich die Abwesenheit der Eltern ein wenig aus. Meine glückliche Kindheit ging mit fünf Jahren zu Ende, weil meine Eltern sich trennten. Wie das ist, hast Du leider selbst erleben müssen. Der Enge des konservativen Internats in Salzburg versuchte ich zu entfliehen. Was lag da näher, als zum Film zu gehen und damit meinem frühen Kindheitstraum zu folgen?

Als halbes Kind, mit 15 Jahren, begann ich meine Filmkarriere und war von Anfang an mitten im Geschäft. Trotz der großen Erfolge mit den Sissi-Filmen strebte ich

danach, eine professionelle Schauspielerin zu sein, obwohl ich keine Schauspielerausbildung bekommen hatte. Diesen Fehler, mein Kind, wirst Du hoffentlich nicht machen. Du weißt, dass es mir erst in Paris gelungen ist, mich von dem Typ des „süßen Mädchens", das ich in Deutschland war, zu befreien und eine international erfolgreiche Karriere zu starten. Hier erst konnte ich Bilder von selbstbewussten und intelligenten Frauen vermitteln. Ich habe mich nicht mehr auf einen bestimmten Rollentyp festlegen lassen und hatte – endlich – den Mut und das Selbstvertrauen dazu. Du bist selbst Zeuge davon, dass die Filme, in denen ich mitgewirkt habe, auch heute noch – mehr als 30 Jahre nach der Produktion – nicht vergessen sind.

Der Erfolg hatte seinen Preis. Welchen täglichen Stress die Filmarbeit bedeutet, kannst Du Dir, liebe Sarah, nicht vorstellen, und glaube mir, vielen Schauspielerkollegen erging es ähnlich wie mir. Um den an mich gestellten Ansprüchen und auch den eigenen genügen zu können, verfolgt von Versagensängsten, griff ich immer häufiger zu Alkohol, Aufputsch- und Schlafmitteln. Zudem lebte ich die Rollen so intensiv aus, dass sich mit dem Ende eines Filmprojekts oft ein großes emotionales Loch auftat und

mich eine tiefe Depression überwältigte. Der größte Fehler, den ich gemacht habe und vor dem ich Dich warne: Ich habe mir viel zu viele Filme zugemutet. Insgesamt 60 Filme, mit zwei bis vier Filmen pro Jahr in den letzten 20 Jahren. Kein Wunder, dass ich schließlich seelisch und körperlich erschöpft und innerlich ausgehöhlt war. Wie sehr dieser Beruf mein Privatleben beengt, ja zerstört hat, erkannte ich erst zu spät. Deshalb wollte ich mit Euch Kindern und Deinem Vater Daniel das Familiäre im idyllischen Ramatuelle genießen. Das Scheitern unserer Ehe hast du als Fünfjährige hoffentlich nicht so schmerzlich mitbekommen. Du und David ward zum Schluss mein eigentlicher Lebensinhalt. Der tödliche Sturz deines Bruders hat mir das Herz gebrochen. Meine geliebtes Kind, durch den Schmerz über den Tod von David habe ich vielleicht nicht mehr genügend Liebe für Dich aufbringen können und auch keinen Lebenswillen mehr gehabt. Darum bitte ich Dich um Verzeihung!

Deine Mutter Romy

Barbara Heinze

MARLENE DIETRICH (1901–1992)

„Zum Glück bin ich Berlinerin"

Immer schon gefiel mir ihre androgyne Ausstrahlung, ihre Eleganz und ihre Stimme. Wer war diese Frau wirklich? Femme fatale, überragende Schauspielerin, Sängerin, Verräterin, Amerikanerin, Preußin?

Marlene litt unter der strengen Erziehung ihrer Mutter, dem „guten General", verdankt ihr jedoch das Durchhaltevermögen für ihre spätere Karriere. Schon um sechs Uhr morgens erschien sie auf dem Set in Hollywood. Sie war bekannt für ihre Pünktlichkeit und Disziplin. Gehorsam folgte sie den Anweisungen von Regie und Technik, jedenfalls meistens. Obwohl sie immer wieder betonte, dass sie das tat, was man ihr sagte, regte sich schon früh ihr Eigensinn.

Von ihrer Mutter ließ sie sich Paul nennen, schlüpfte gern in männliche Rollen, legte sich eine moderne Handschrift zu und bestand mit elf Jahren auf den Namen Marlene. Eigentlich hieß sie Marie Magdalene. Marlene war eine pflichtbewusste Schülerin, die die französische Sprache liebte. Sie spielte so gut Geige, dass sie nach der Schule in Weimar und Berlin zur Konzertgeigerin ausgebildet wurde.

Einer ihrer ersten Jobs war der einer Konzertmeisterin zur Begleitung von Stummfilmen. Da ihre schönen Beine die übrigen – allesamt männlichen – Orchestermusiker zu sehr verwirrten, wurde sie nach vier Wochen entlassen. Anderen Quellen zufolge machte eine Sehnenscheidenentzündung der linken Hand ihrer Geigerinnenkarriere ein Ende. Den Befehl ihrer Mutter „Tu was!" im Ohr, begann sie mit 21 Jahren einen Neustart an der Schauspielschule von Max Reinhardt. Im Berlin der zwanziger Jahre gab es

MARLENE DIETRICH

1901	am 27. Dezember in Berlin-Schöneberg als Marie Magdalene Dietrich geboren; Mutter: Josephine Wilhelmine E. Dietrich, geb. Felsing, in zweiter Ehe von Losch (1883–1945); Vater: Louis E. O. Dietrich, königlicher Polizeileutnant (1868–1908); Schwester: Elisabeth Ottilie (Liesel) Will, geb. Dietrich (1900–1977?)
1907–1918	Schulbesuch in Berlin und Dessau, 1917: erste Geige für 2.100 Mark
1908	Tod des Vaters (unterschiedl. Zeitangaben in verschiedenen Quellen)
1916	Tod des Stiefvaters Eduard von Losch
1918–1921	Ausbildung zur Konzertgeigerin in Weimar und Berlin
1922	Schauspielunterricht, Max-Reinhardt-Schauspielschule, Berlin
1922–1930	kleine Theater- und 17 Stummfilmrollen
1923	Hochzeit mit Rudolf Sieber
1924	Geburt der Tochter Maria E. Sieber, verh. Riva
1927	Auftritte und Dreharbeiten zu *Café Elektric* in Wien
1928–1929	Revuen *Es liegt in der Luft* und *Zwei Krawatten*
1930	Premiere des 1. Tonfilms *Der Blaue Engel*, Abreise nach Hollywood Premiere des Films *Marokko*, fünf weitere Filme mit Josef von Sternberg bis 1935, 14 Filme bis 1944 mit anderen Regisseuren
1931	Marlene holt ihre Tochter Maria nach Hollywood
1939	amerikanische Staatsbürgerschaft erhalten (1937 beantragt)
1944–1945	Shows zur Betreuung amerikanischer Truppen in Nordafrika, Italien, Frankreich und Deutschland
1946–1958	weitere zehn Filme
1947	Auszeichnung als erste Frau mit der amerikanischen *Medal of Freedom*
1950	Ernennung zum *Chevalier de la Légion d'Honneur*, 1971: Officier, 1989: Commandeur
1953–54	Soloauftritte als Sängerin in Las Vegas und London
1958	Filmpremiere *Zeugin der Anklage*
1960	Europatournee mit Auftritten in Deutschland

Marlene Dietrich engagierte 1930 den Fotografen Eugene Robert Richee, um sich porträtieren zu lassen.

so viele Bühnen, Varietés und Revuen, dass es Marlene nicht schwerfiel, neben der Ausbildung kleine Rollen zu ergattern. Die Tochter aus gutem Hause wurde bald zum „Girl vom Kurfürstendamm". Zunächst waren hauptsächlich ihre schönen, langen Beine gefragt, aber Marlene wollte zum Film. Bald fiel sie nicht mehr nur durch ihre extravagante Garderobe auf, sondern man entdeckte ihr Talent und ihre besondere Ausstrahlung.

Mit dem legendären ersten deutschen Tonfilm *Der Blaue Engel* gelang Marlene der internationale Durchbruch. Einen Tag nach der umjubelten Uraufführung fuhr sie an Bord der „Bremen" nach Amerika, um in Hollywood den nächsten Film *Marokko* zu drehen. Sie ahnte nicht, dass sie 1939 die amerikanische Staatsbürgerschaft annehmen und nur kurz nach Deutschland zurückkehren würde. Zunächst folgten Jahre des Ruhms. Die Dietrich drehte in den 30er und 40er Jahren über 20 Filme. Sie entwickelte sich zur Diva schlechthin, die mit vielen berühmten Männern und Frauen befreundet und liiert war. 1936 lehnte sie das Angebot Goebbels in Deutschland zu drehen ab.

Großzügig half sie Exilanten und bedrohten Menschen aus Hitler-Deutschland zu fliehen. An vorderster Front diente sie im Krieg bei der Truppenbetreuung in der amerikanischen Armee. Für diesen jahrelangen, mutigen

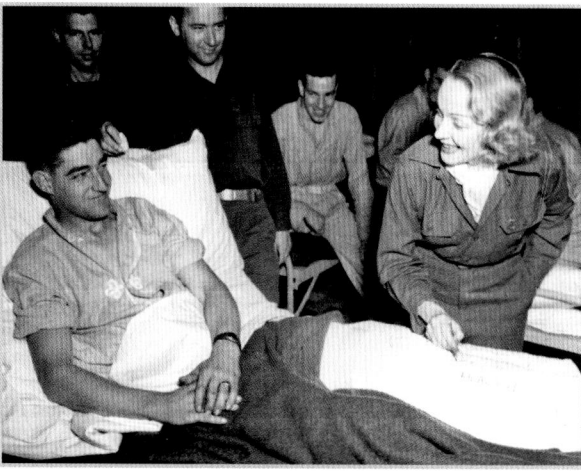

Marlene Dietrich bei der Betreuung verwundeter US-Soldaten in Belgien, 1944.

1961	Weltpremiere des Films *Judgment at Nuremberg* *(Urteil von Nürnberg)* in Berlin
1962–1972	weitere drei Filme
1963	Autobiografie *Marlene Dietrich's ABC* (nach anderen Quellen 1960 oder 1962)
1975	letzter Bühnenauftritt (Australien)
1976	Rückzug in die Pariser Wohnung, Tod des Ehemanns Rudolf Sieber
1978	letzte Filmrolle in *Schöner Gigolo, armer Gigolo*
1979	Autobiografie *Nehmt nur mein Leben*
1984	Filmbiografie *Marlene* von Maximilian Schell
1992	Tod in Paris am 5. Mai, Beisetzung in Berlin-Friedenau am 16. Mai
2002	Ehrenbürgerschaft von Berlin

Einsatz erhielt sie höchste amerikanische und französische Auszeichnungen.

Ihre Nachkriegsfilme setzten sich auch mit der Rolle der Deutschen im Dritten Reich auseinander. In den 50er Jahren begann Marlene Dietrich eine zweite, weltweite Karriere als Sängerin mit ihrer „One Woman Show". Über Jahre erlebte sie damit den „Ruhm auf dem Podium", den sie sich immer gewünscht hatte.

Erst 1960 kam sie nach Deutschland zurück: ein schwieriger Besuch, da es noch immer Menschen gab, die gegen sie als angebliche Verräterin protestierten. 1975 nahm sie endgültig Abschied von der Bühne und zog sich in ihr geliebtes Paris zurück. Wunschgemäß fand Marlene Dietrich 1992 ihre letzte Ruhestätte in Berlin-Friedenau. Ihren Grabstein ziert die Inschrift: „Hier steh ich an den Marken meiner Tage".

In ihrem Herzen war sie wohl immer eine Berlinerin geblieben, die es verstanden hat, aus ihrem Leben eine Legende zu weben.

Erla Spatz-Zöllner

Ulm Oststadt

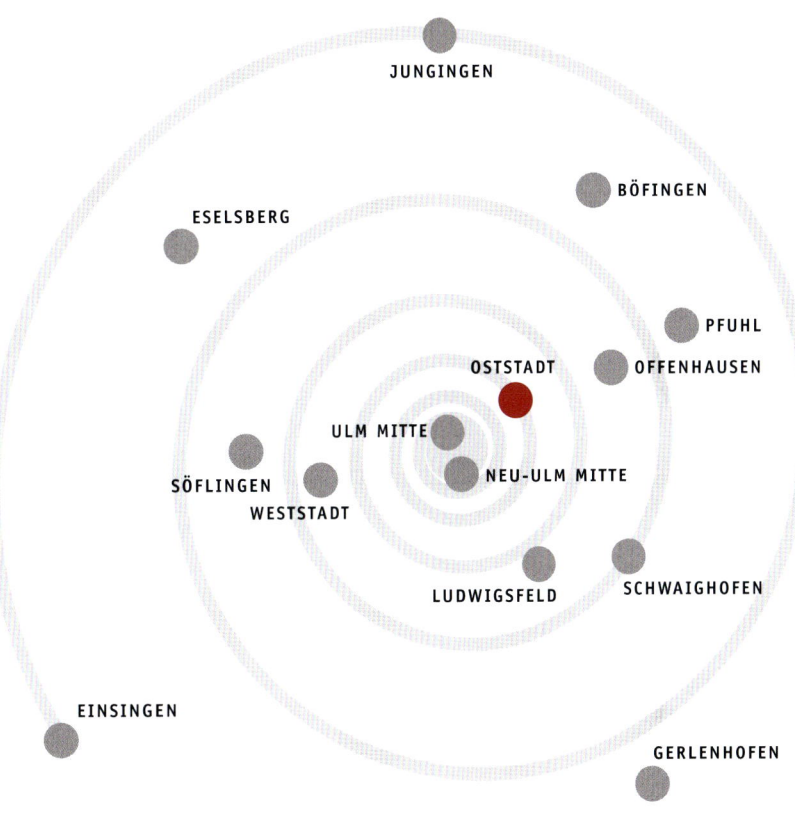

JUNGINGEN

BÖFINGEN

ESELSBERG

PFUHL

OSTSTADT   OFFENHAUSEN

ULM MITTE

NEU-ULM MITTE

SÖFLINGEN

WESTSTADT

LUDWIGSFELD   SCHWAIGHOFEN

EINSINGEN

GERLENHOFEN

BARBARA KLUNTZ

1660	Geburt als Tochter des Schneiders Peter Kluntz und seiner Frau Katharina, geborene Messerschmid.
1704	Aufnahme in der Ulmer Sammlung.
1711	Fertigstellung eines Choral-Music-Buches, mit Widmungen ihrer Schülerinnen und einem Bildnis der französischen Dichterin Georgette de Montenay, das im Stadtarchiv Ulm aufbewahrt ist (stadtarchiv ulm, H kluntzin nr 1).
nach 1717	Porträt-Gemälde von Barbara Kluntz, Künstler unbekannt
	Weiteres Choral-Music-Buch entsteht, das auf ihrem Bildnis im Museum dargestellt ist und das als verloren gilt.
1720	Fertigstellung des dritten bekannten Musikbuches mit einer Sammlung von Stücken für Clavicord, ebenfalls im Stadtarchiv Ulm einzusehen (H kluntzin nr 2).
1728	Im Testament werden ihre Instrumente und Bücher dem Stift vererbt.
1730	Tod von Barbara Kluntz am 22. Mai.

BARBARA KLUNTZ (1660–1730)

Die Seele des Ulmer Musiklebens im frühen 18. Jahrhundert

Mit großen dunklen Augen blickt die etwa fünfzigjährige Frau aus einem Gemälde, das heute im Ulmer Museum hängt. Hinter dem strengen und ernsten Gesicht mit hoher, runder Stirn und sensiblem Mund vermutet man große Reife und Intelligenz. Die vornehm gekleidete Dame strahlt starkes Selbstbewusstsein aus. In ihrer Kindheit wurde sie das Schneiderbärbel" genannt. Dieser Kosename ist auch auf der Rückseite des Bildes von einem unbekannten Maler vermerkt.

Barbara Kluntz bereicherte im frühen 18. Jahrhundert die Musikszene mit ihrem außergewöhnlichen Talent. Als Komponistin, Organistin und Klavierlehrerin war sie wahrscheinlich überall anzutreffen, wo musiziert und gesungen wurde. Es ist allerdings nicht bekannt, wo sie ihre gründliche musikalische Ausbildung erwarb.

Die virtuose Musikerin und Dichterin hatte Kontakte zu namhaften Kollegen in Berlin, was ihr hohes Maß an musikalischer und literarischer Bildung bezeugt. So bewunderte sie die berühmte zeitgenössische Opern- und Instrumentalkomponistin Elisabeth Claude Jacquet de Laguerre, die am Hof von Ludwig XIV. wirkte. Elemente ihrer Kompositionen mit heiteren Melodien und tänzerischen Passagen sind durchaus vergleichbar mit den musikalischen Formen der prominenten Französin.

Zur Eröffnung der Ausstellung Ulmer Bürgerinnen – Söflinger Klosterfrauen, am 29. August 2003 im Ulmer Museum, kamen die Besucher in den Genuss, einige Werke beider Komponistinnen zu hören. Den Text der Arie *Zu Lob der edlen und freien Kunst der Musik* verfasste Barbara Kluntz im Geist einer zeittypischen Strömung, in der sie

Bildnis der Barbara Kluntz, Ulm, nach 1717

ihre Gedanken und Gefühle über die griechische Mythologie ausdrückte. In diesem Zusammenhang ist verständlich, dass ihr *Choral-Music-Buch* von 1711 das Bildnis der von ihr verehrten Dichterin Georgette de Montenay ziert, der ersten französischen Emblemdichterin des 16. Jahrhunderts, die allegorische und moralische Poesie schrieb.

Einen großen Teil ihrer zweiten Lebenshälfte verbrachte die Künstlerin als Stiftsdame in der Ulmer Sammlung und war dort eine sehr geschätzte Musikerin. Ihr Ansehen muss hoch gewesen sein, da sie als einzige aller Stiftsbewohnerinnen in einem Ölgemälde porträtiert wurde.

Die Musikpädagogin unterrichtete die vornehmen Damen in Clavierschlagen und Singen. Das prachtvoll in Leder gebundene *Choral-Music-Buch* der Barbara Kluntz, das im Ulmer Stadtarchiv einzusehen ist, beinhaltet von ihr verfasste und komponierte Lieder und zahlreiche Choräle, die damals gesungen wurden. Darunter befinden sich Weihnachtslieder, die wir heute noch gern anstimmen, zum Beispiel *Vom Himmel hoch da komm ich her*. Die Hauskonzerte in der Sammlung, die sie allein oder mit ihren Schülerinnen gestaltete, waren bei den Ulmern sehr

beliebt. Auch ging sie als Hausmusiklehrerin in die ersten Familien der Stadt und machte das Klavier als Instrument der Hausmusik populär.

In ihrem Testament vermachte sie ihre Orgel, das Klavier, ihr Bildnis, die drei selbst geschriebenen Notenbücher und ihre umfangreiche Bibliothek dem Sammlungsstift. Nach der Säkularisierung, als das Stift aufgehoben wurde, ging das Inventar an die Kirchenstiftung. Die oberen Stockwerke der Sammlung bewohnte seitdem der Münsterpfarrer. Zuletzt, während des Zweiten Weltkriegs, war es Pfarrer Wittmann, selbst ein hervorragender Musiker, der den Räumen letztmalig Bedeutung für die Hausmusik gab. Bei der Bombardierung am 17. Dezember 1944 wurde die kostbare Instrumentensammlung komplett vernichtet. Es bleiben das Gemälde im Museum und die beiden handgeschriebenen Choralbücher im Stadtarchiv als Erinnerung an diese damals hoch angesehene und ausgezeichnete Ulmer Klaviervirtuosin. Seit 2002 wird sie mit einem Straßennamen am Safranberg geehrt.

Brigitte Nguyen-Duong

BEGINEN

695	am 17.12. Tod der heiligen Begga, Tochter von Pippin dem Älteren. 1216 erhielten die Beginen, in Süddeutschland Sammlungsschwestern genannt, auf Ersuchen von Kardinal Jakob von Vitry eine mündliche Bewilligung vom Papst Innozenz III., ohne Ordensregeln den christlichen Auftrag zu barmherzigen Werken zu erfüllen.
1228	Die ungarische Königstochter Elisabeth von Thüringen stiftete in Marburg das erste deutsche Hospital für Leprakranke. Gemeinsam mit ihren Hofdamen versorgte sie Kranke und Arme. Einige Angehörige verspotteten sie als Begine.
1284	Erste überlieferte Urkunde zur Ulmer Sammlung – sie bestand bis 1808.
13./14.Jh.	Trotz päpstlicher Dekrete große Ausbreitung des Beginenwesens in ganz Westeuropa zur Armen- und Krankenpflege, besonders in Oberitalien, Südfrankreich, Deutschland, den Niederlanden, Österreich und Schweiz.
1313	Bürgerrechte der Beginen in der Ulmer Sammlung urkundlich belegt.
1319	Papstbulle von Johannes XXII. erlaubte nur Beginenkonvente, die die Regeln der Franziskaner- oder Dominikaner-Terziarier annahmen.
1340	Gründung der Schwesternsammlung auf der Eich, Stifterin Agnes von Gerhusen, eine von vier gleichberechtigten Frauen im Haus, Seelhaus genannt.
1378	Gründung der Schwesternsammlung am Wörth, Stifterin Elisabeth Rüdiger, eine von vier gleichberechtigten Frauen im Haus.
1393	Seelhaus beim Hirschbad, Stifterin Adelheid von Sulmetingen, für sieben Schwestern (im 16. Jh. Von zwölf Schwestern belegt).
20. Jh.	Moderne Beginenhöfe werden als nicht religiöse Frauengemeinschaften gegründet.

BEGINEN (695–20.JH.)

Selbstständige
und
fürsorgliche Frauen

Wer waren die Beginen, an die ein neuer Weg am Safranberg erinnert? Es waren Frauen, die sich im Mittelalter zu Religionsgemeinschaften zusammenschlossen. Im 12. und 13. Jahrhundert bildeten sich solche christlichen Frauengruppen erstmals in Belgien. Nach Jakob von Vitry wurde eine der ersten Beginengemeinschaften vor den Toren von Nivelles in Belgien von Maria Oigues (1177–1213) gegründet.

Anders als Nonnen legten sie kein lebenslängliches Gelübde ab, sondern verpflichteten sich, gute Werke zu verrichten, absoluten Gehorsam gegenüber der Gemeinschaft zu leisten und ein keusches Leben zu führen. Diese Verpflichtung konnte jederzeit widerrufen werden.

Im Gegensatz zum Klosterleben war es den Beginen gestattet, aus dem Frauenbund auszuscheiden und sich wieder einem Leben außerhalb ihrer Gemeinschaft zuzuwenden. Ohne verachtet zu werden, konnten sie heiraten und ihr Hab und Gut mit sich nehmen.

Jeder Beginenhof verwaltete sich selbst und unterstand einer aus der Mitte der Beginen gewählten Meisterin. Für die mittelalterliche Zeit hatte die Lebensform der Beginen viel Anziehungskraft. Sie bot den Frauen, die sich der männlichen Obhut entziehen wollten, ohne sich als Nonne in klösterliche Klausur zu begeben, die einzigartige Möglichkeit, sich in einer Gemeinschaft zu entfalten und sich sozial zu engagieren.

Die ersten Beginengemeinschaften entstanden wahrscheinlich aus einer Not heraus, angesichts der Hungersnot und der gefährlichen Verbreitung der Lepra durch infizierte Kreuzritter. Leprakranke wurden von der Gesellschaft

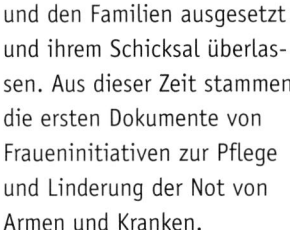

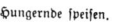

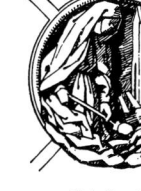

Beginen verrichten barmherzige Werke. Ein Zyklus von Schlusssteinen im Netzgewölbe der 1944 durch Bomben zerstörten „Dürftigen Stube". Nach: Klaiber, Die „Dürftige Stube" zum Heiligen Geist, Ulmische Blätter 1924–1927.

und den Familien ausgesetzt und ihrem Schicksal überlassen. Aus dieser Zeit stammen die ersten Dokumente von Fraueninitiativen zur Pflege und Linderung der Not von Armen und Kranken.

Beginen verfügten frei über ihr Besitztum, auch über Ländereien. Ihre Devise war, für ihren eigenen Lebensunterhalt selbst zu sorgen. Die unter ihnen geübten Handarbeiterinnen webten Leinen, klöppelten und häkelten Spitze, andere wuschen und bleichten Wäsche. Zudem kümmerten sie sich um den Unterricht der ihnen anvertrauten Mädchen, die sie Wohnkinder nannten. Die ordensfreien Schwestern boten auch stets eine Herberge für Pilger und Fremde. Die Türen der Häuser und Tore der Höfe standen von Sonnenaufgang bis -untergang offen. Armenfürsorge und Krankenpflege gehörten aber zu ihren wichtigsten Aufgaben. Als Seelfrauen besorgten sie die Bestattungen der Toten.

Bei der Kirche fanden die karitativen Tätigkeiten zunächst Wohlgefallen. Wegen der zunehmenden Eigenständigkeit und dem Anspruch auf religiöse Mündigkeit der Beginen, wurden sie jedoch bald der Ketzerei verdäch-

tigt und einige endeten auf dem Scheiterhaufen. Glücklicherweise blieb den Ulmer Beginen oder Sammlungsschwestern dieses Schicksal erspart.

Woher stammt die Bezeichnung Beginen? Obwohl wir nichts Sicheres darüber wissen, gibt es verschiedene Erklärungen: Der Name könnte von der heiligen Begga abgeleitet sein, einer Vorfahrin Karl des Großen, die wegen ihrer Barmherzigkeit und Frömmigkeit den meisten Frauen bekannt war. Oder kommt er einfach vom holländischen Wort beggar, was übersetzt beten heißt?

In Ulm und Umgebung wurden seit dem 13. Jahrhundert Beginenhäuser und alleinlebende Beginen in den Chroniken erwähnt. Die erste beurkundete Ulmer Beginenniederlassung, die sich hier in Süddeutschland Sammlung nannte, befand sich auf dem heutigen Münsterplatz. Eine zweite Beginengemeinschaft oder Schwesternsammlung befand sich vor den Toren der Stadt.

Brigitte Nguyen-Duong

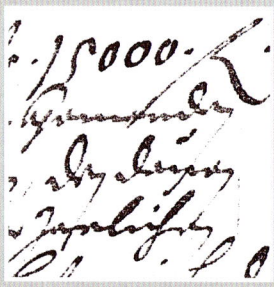

CÄCILIE AUER (1542–1608)

Eine großzügige Stifterin

CÄCILIE AUER

1542   am 2. Februar in Brünn, Süd-Mähren, geboren.
       Tochter des Richters Hans Auer und dessen Ehefrau.

1557   Heirat mit Landgraf Hans Schadner.

1557   Übersiedlung an den kaiserlichen Hof nach Wien.

1590   Tod ihres Ehemannes Hans Schadner.

1596   Heirat mit Mathäus Scholz.

1599   Tod ihres zweiten Ehemannes.

1601   Vertreibung aus Wien und Übersiedlung nach Regensburg.

1606   Badekur in Ulm und Übersiedlung nach Ulm.

       Im September hinterlegt sie 15 000 Gulden
       gegen Zinsen beim Rat der Stadt Ulm.

1608   am 21. Oktober stirbt sie während
       eines Besuchs in Regensburg.

       Testamentarisch fließen das hinterlegte Geld und weitere
       5624 Gulden in die Auerstiftung der Stadt Ulm.

Schwere Jahre mussten es für die verwitwete und überzeugte Protestantin bis zur endgültigen Vertreibung aus dem katholischen Österreich gewesen sein: „Mir ist von Euer fürstlichen Durchlaucht ein scharfes und ernstliches Dekret zukommen", schrieb Cäcilie Auer in einem Brief, der sich im Ulmer Stadtarchiv befindet, an den damaligen Erzherzog Ferdinand II: „man hat angefangen mich bei Euer fürstlichen Durchlaucht zu verunglimpfen." Vorgeworfen wurde ihr, unerlaubt Kinder getauft zu haben und außerdem einer Sekte anzugehören, was sie energisch dementierte. Selbstbewusst bat sie den Erzherzog um Gnade, schränkte jedoch ein: „denn ich bin von meinem Vater auf Gottes Furcht und Wahrheit erzogen."

Cäcilie erhielt in ihrem protestantischen Elternhaus eine ausgezeichnete Bildung. Mit 15 Jahren heiratete sie den Landgrafen und Juristen Hans Schadner. Das junge Paar siedelte kurz nach der Hochzeit nach Wien über, wo Schadner am kaiserlichen Hof im höheren Dienst unter der Regierung dreier Kaiser des Heiligen Römischen Reiches tätig war. Nach dem Tod ihres Mannes ging Cäcilie eine zweite Ehe mit dem Juristen Mathäus Scholz ein, wurde aber nach drei Jahren wieder Witwe. Beide Ehen blieben kinderlos.

Die Härten der Gegenreformation veranlassten sie, im Jahr 1601 ihre protestantenfeindliche Heimat zu verlassen. Sie zog nach Regensburg, wohin sie nahezu ihr gesamtes Vermögen mitnehmen konnte.

Nach Ulm kam sie zu einer Badekur im Griesbad auf Einladung des Senators Veit Marchtaler. In der Reichsstadt gefiel es ihr so gut, dass sie ihren ständigen Wohnsitz

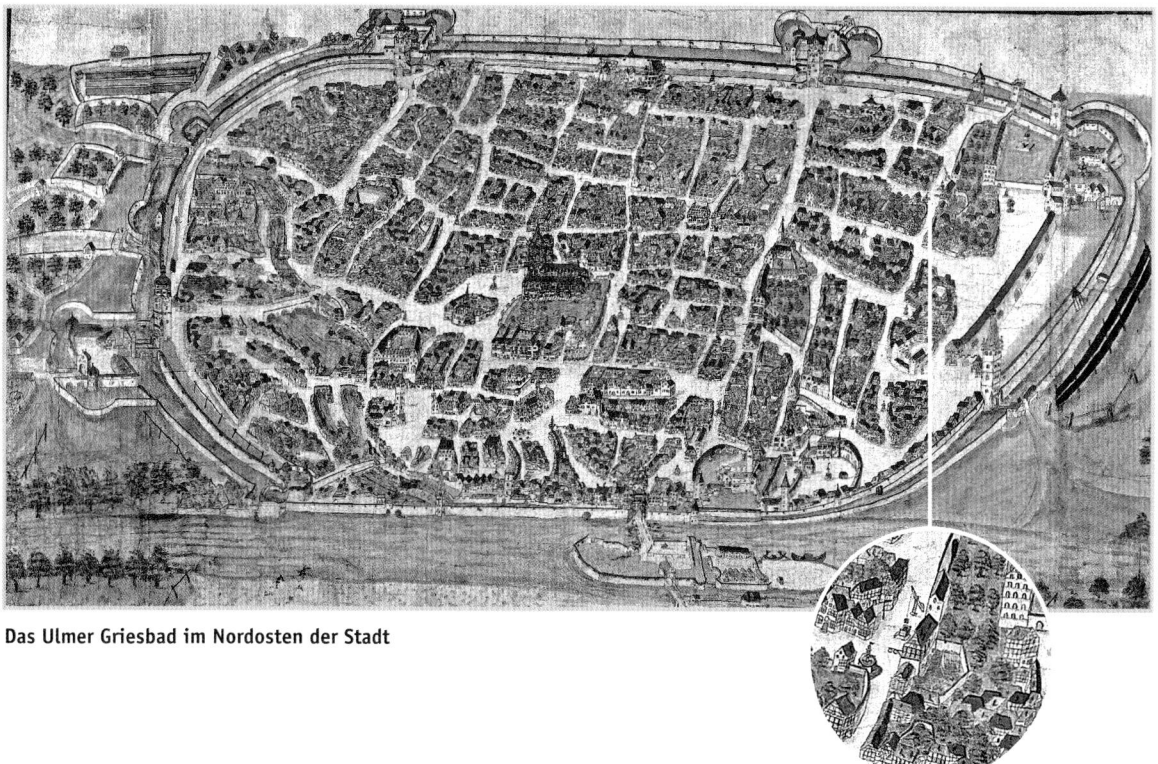

Das Ulmer Griesbad im Nordosten der Stadt

dorthin verlegte. Einen großen Teil ihrer Geldmittel legte sie mit der ungewöhnlich hohen Summe von 15.000 Gulden in der Auerstiftung an. Damit beabsichtigte sie nicht nur ihre protestantischen Landsleute zu unterstützen. Auch die Förderung des Studiums der Theologie und der Wissenschaften war ihr ein großes Anliegen. Nach ihrem Willen sollte die Stiftung „stets von einem Pfarrer und zwei unbescholtenen Bürgern verwaltet werden". Cäcilie Auer starb 1608 während eines Besuchs in Regensburg.

Seitdem wurde in Ulm alljährlich am 22. November, dem Tag der heiligen Cäcilie, bei Festveranstaltungen Geld verteilt und der großzügigen Stifterin gedacht. Die Stiftung existierte noch bis 1919 und hat vielen Ulmern das Studium ermöglicht.

Fast 400 Jahre nach ihrem Tod, im Jahr 2002, würdigte die Ulmer Stadtverwaltung die großartige Wohltäterin mit einem Straßennamen in einem Neubaugebiet am Safranberg.

Am 21. Oktober 2008 gedachten wir dieser lang vergessenen Frau anlässlich ihres 400. Todestages.

Brigitte Nguyen-Duong

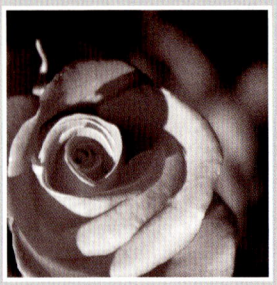

Gla

„Das Glück kennt nur Minuten, der Rest ist Warterei"

HILDEGARD FRIEDA ALBERTINE KNEF

1925	am 28. Dezember in Ulm geboren, Turmstraße 3, jetzt 5
1926	am 1. Februar Taufe in der Dreifaltigkeitskirche Ulm, nicht im Münster. Tod des Vaters, Umzug nach Berlin.
1943	Ausbildung zur Schauspielerin in Berlin, vorher Trickzeichnerin
1946	DEFA-Film von Wolfgang Staudte: *Die Mörder sind unter uns*
1947–1952	Ehe mit Kurt Hirsch, jüdischer Sudetendeutscher, US-Bürger, US-Kontrolloffizier, Agent für Schauspieler in den USA
1948	auf dem Titelblatt der ersten Ausgabe der Illustrierten *Stern*
1950	Skandalfilm *Die Sünderin,* amerikanische Staatsbürgerin
1954–1956	Erfolg am Broadway, Musical *Silk Stockings (Ninotschka)*
1962–1976	Ehe mit David Cameron-Palastanga, Schauspieler/Regisseur
ab 1963	Beginn der Karriere als Chansonsängerin; bekanntester Song: *Für mich soll's rote Rosen regnen*
1968	am 16. Mai Geburt der Tochter Christina Antonia, genannt Tinta, mit der Tochter auf dem Titelblatt der 20. *Stern*-Ausgabe. Auftritt mit dem Orchester Kurt Edelhagen in Ulm (16.11.).
1970	Veröffentlichung der Autobiografie *Der geschenkte Gaul.*
1973	schwere Krebsoperation
1977	Bundesverdienstkreuz erster Klasse Ehe mit dem ungarischen Adligen Paul Rudolf Freiherr von Schell zu Bauschlott
2001	am 27. Juni deutsche Staatsbürgerschaft
2002	am 1. Februar in Berlin gestorben
	Einen Hildegard-Knef-Platz gibt es seit Februar 2002 beim CCU/Hotel Maritim, aber die Adressen der umliegenden Gebäude lauten immer noch Basteistraße.

Hildegard Knef erlebte ich nie auf der Bühne. Erst auf Tonbandaufnahmen habe ich ihre dunkle, brüchige Stimme bewusst wahrgenommen, die Melodien der unverwechselbaren, oft ironischen und frechen Chansons der überzeugten Berlinerin, die vieles selbst textete. Das war im Frühjahr 1995 im Ulmer Stadthaus bei einem Fest zugunsten der Aids-Hilfe.

Im Frühjahr 2007 begegnete mir Hildegard Knef wieder im Ulmer Stadthaus. Diesmal auf starken Fotos, vorwiegend schwarz-weiß: ein herbes, glattes Gesicht, betonte Augen, auffallend lange schwarze Wimpern. Die professionellen Aufnahmen zeigten eine Frau, die sich selbst gekonnt inszenierte – als Model, Ehefrau, Mutter, im Proberaum, auf der Bühne, in Hotels, in der Öffentlichkeit eben. Inwieweit können diese Bilder das Auf und Ab einer Persönlichkeit widerspiegeln? Ich weiß es nicht.

Gleich nach dem Krieg, noch jung, spielte Hildegard Knef im ersten Film von Wolfgang Staudte *Die Mörder sind unter uns*. Sie beeindruckte durch ihre sensible Darstellung. In Hollywood bekam die Deutsche einen Siebenjahresvertrag mit dem Studio Selznick, aber keine Rollen. Sie konnte sich gegen die amerikanische Konkurrenz nicht durchsetzen.

In Deutschland wurde die Knef beschimpft, verfolgt und vertrieben wegen der kurzen Nacktszene im Film *Die Sünderin*. 1951 demonstrierten die Ulmer Bewegung *Saubere Leinwand* und katholische Frauengruppen gegen die Schauspielerin bei einem Premierenbesuch in Ulm. Der Skandalfilm wurde abgesetzt. Städtische Honoratioren Ulms mieden die Schauspielerin wegen moralischer Beden-

Hildegard Knef bei einem Auftritt in Ulm 1971.

ken. Nicht einmal ein Blumenstrauß wurde ihr überreicht. Hildegard Knef floh zurück in die USA, hatte kurzzeitig Erfolg am Broadway mit dem Musical *Silk Stockings*, auch mit einigen ausländischen Filmproduktionen wie *Schnee am Kilimandscharo*.

Nach enttäuschenden Rollenangeboten, Hildegard war bereits 38 Jahre alt, kam überraschend der Durchbruch als Chansonsängerin. „Die beste Sängerin ohne Stimme", kommentierte Ella Fitzgerald. Ihr gefühlvolles Auftreten, die weiß-schwarze Balmain-Garderobe, ihr flüsternder Sprechgesang, die rauchige Whiskystimme begeisterten das Ulmer Publikum in der Donauhalle.

Mit dem überwältigenden Erfolg ihrer Autobiografie *Der geschenkte Gaul* begann im Alter von 45 Jahren eine dritte Karriere als Buchautorin. Helmut Pusch schrieb in der Südwest Presse, dass sie sich bei der Autorinnenlesung im Januar 1971, im Rahmen der Aktion 100 000 buchstäblich die Finger wundschrieb, sie, „die eine nur sehr relative Ulmerin sei." Sie musste sogar verarztet werden.

Private Schicksalsschläge nahmen Hildegard Knef schwer mit: die Scheidungen, die Lebensgefahr bei der Geburt ihrer Tochter, die schwere Krebsoperation, die langsame Genesung. Große und kleine Misserfolge im Berufsleben, herbe Enttäuschungen als Künstlerin

belasteten sie. Als das größte Glück erlebte die international bekannte Künstlerin die Geburt ihrer Tochter Tinta mit 43 Jahren. Hildegard Knef – Schauspielerin, Chansonsängerin und Autorin – war in den sechziger Jahren ein gefeierter Medienstar im Rampenlicht der Öffentlichkeit. Sie ließ die Welt an ihrem Leben teilnehmen, an Freud und Leid.

Monika van Koolwijk

MATHILDE WIELAND (1838–1920)

Unternehmerin mit Herz

MATHILDE WIELAND

1838	am 23. Januar geboren
1862	Hochzeit mit ihrem Onkel Philipp Jakob Wieland
1863	Geburt des Sohnes Philipp Jakob
1864	Geburt der Tochter Anna Barbara Mathilde
1866	Geburt der Tochter Marie Fanny Charlotte
1867	Geburt des Sohnes Max Robert
1873–1887	nach dem Tod ihres Mannes: Alleininhaberin der Wielandwerke
1892	Mathilde Wieland scheidet ganz aus der Firmenleitung aus und übergibt sie ihren beiden Söhnen
1920	stirbt Mathilde Wieland

Metallregale, voll gestellt mit grauen Kartons. Ein Computer summt auf dem Schreibtisch. Der Blick aus dem vergitterten Fenster geht auf die Straße. Hier, im Firmenarchiv der Wieland-Werke, werde ich mehr über Mathilde Wieland erfahren, die fast zwanzig Jahre das Ulmer Unternehmen erfolgreich leitete.

„Was haben Sie für einen Eindruck von ihr?", frage ich den Archivar, der geschäftig zwischen Schreibtisch und Regalen hin und her läuft. „Sie war halt eine typische Bürgertochter, die keine Ausbildung erhielt und auf eine standesgemäße Heirat wartete", kommt die Antwort aus den Tiefen der Regale.

Nachdem Jakob Philipp Wieland, der Gründer der Wieland-Werke, 1860 seine erste Frau verloren hat, führt ihm seine Nichte Mathilde den Haushalt. Zwei Jahre später heiraten sie. Mathilde ist 24, Wieland 69 Jahre alt. „Vielleicht war auch ein bisschen Zuneigung mit dabei", kommentiert der Archivar diesen Altersunterschied trocken. Für uns lässt er Freiraum zum Spekulieren, denn persönliche Briefe oder Dokumente von Mathilde darf ich zum Zeitpunkt der Recherche nicht einsehen.

Was also geht aus den offiziellen Schreiben über die Tochter des Goldochsenwirts hervor? Über die Frau, die sich in einer Männerdomäne Respekt und Akzeptanz verschafft, und das in einer Zeit, als sich der Wirkungskreis der Frauen auf Kinder, Küche und Kirche beschränkt. Wie schafft sie das ohne Ausbildung? „Planerisches und unternehmerisches Denken liegt wohl in der Familie", meint mein Ansprechpartner im Archiv.

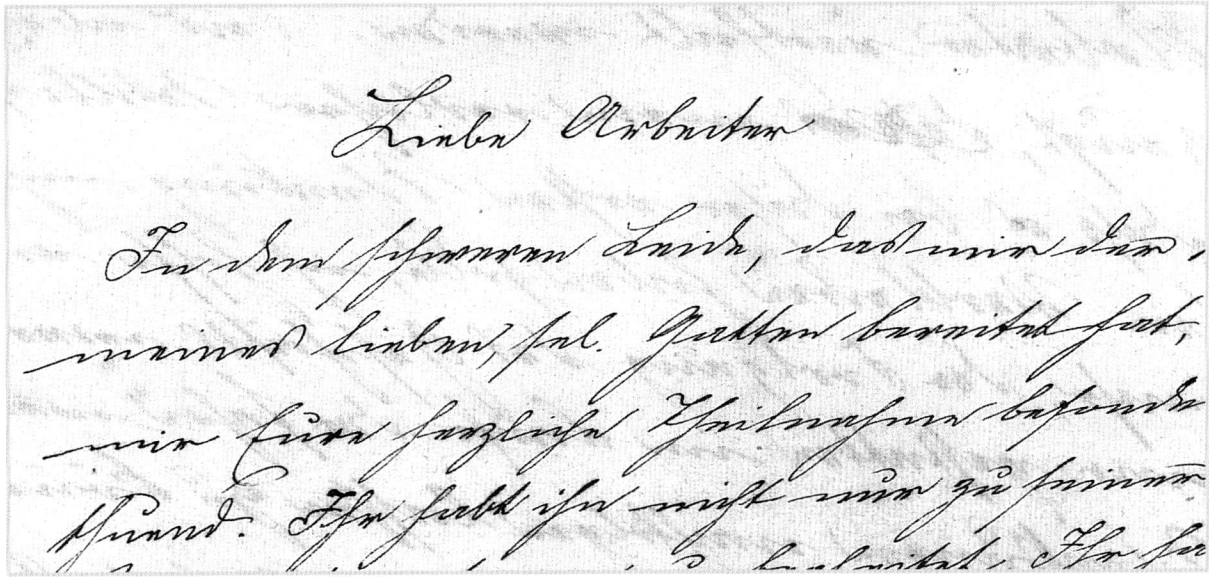

Nach dem Tode ihres Mannes richtet Mathilde Wieland in einem Brief das Wort an die Belegschaft des Unternehmens.

Als Mathilde nach dem Tod ihres Mannes 1873 die Führung des Unternehmens übernimmt, heißt es in einem Brief an ihre Beschäftigten: „Möget Ihr auch fernerhin treu zu meinem Hause stehen. Von meiner Seite dürft Ihr versichert sein, daß ich das Andenken meines lieben sel. Gatten nicht besser zu ehren weiß, als indem ich mit Hilfe meines Schwagers und des Herren Stahl im Fortbetrieb des Geschäftes auch Eurer Wohl nach Vermögen zu fördern strebe."

Diese Ankündigung setzt die junge Frau gleich in die Tat um: Am nächsten Zahltag lässt sie 500 Gulden unter der Belegschaft verteilen. Außerdem weist Mathilde 3000 Gulden an, um einen Pensionsfonds zu gründen. Sie schreibt: „Letzteres Kapital wird im Geschäfte angelegt und mit 5 % verzinst. Jährlich am Todestag meines Gatten soll der Zins unter die ältesten Arbeiter vertheilt werden."

Das Wohl ihrer Arbeiter liegt ihr am Herzen und die Unternehmerin nimmt ihre Aufgabe ernst. Deswegen geht sie jeden Tag durch den Betrieb, um mit ihren Beschäftigten zu sprechen. Unterstützt von den beiden Prokuristen Gottlieb Matthäus Stahl und Robert Wiegandt leitet sie den größten Ulmer Industriebetrieb ganz im Sinne ihres Mannes: fortschrittsorientiert und risikobereit. Als sie sich 1892 entschließt, aus der Firmenleitung auszuscheiden, ist die Zahl der Mitarbeiter von 276 auf 454 gestiegen.

Ihren Alterssitz richtet Mathilde Wieland sich in Herrlingen ein. Das heißt aber nicht, dass sie sich zur Ruhe setzt. Sie nimmt weiterhin Anteil am Geschehen des Betriebs, den jetzt ihre Söhne leiten, und engagiert sich sozial. So spendet sie 40.000 Reichsmark für ein öffentliches Bad in Ulm, unter der Bedingung, dass arme Leute unentgeltlich baden dürfen.

„Woran ist Mathilde gestorben?", frage ich den Archivar als wir gemeinsam das Archiv verlassen. „Wahrscheinlich am Alter", murmelt er beiläufig.

Andrea Toll

Ulm Weststadt

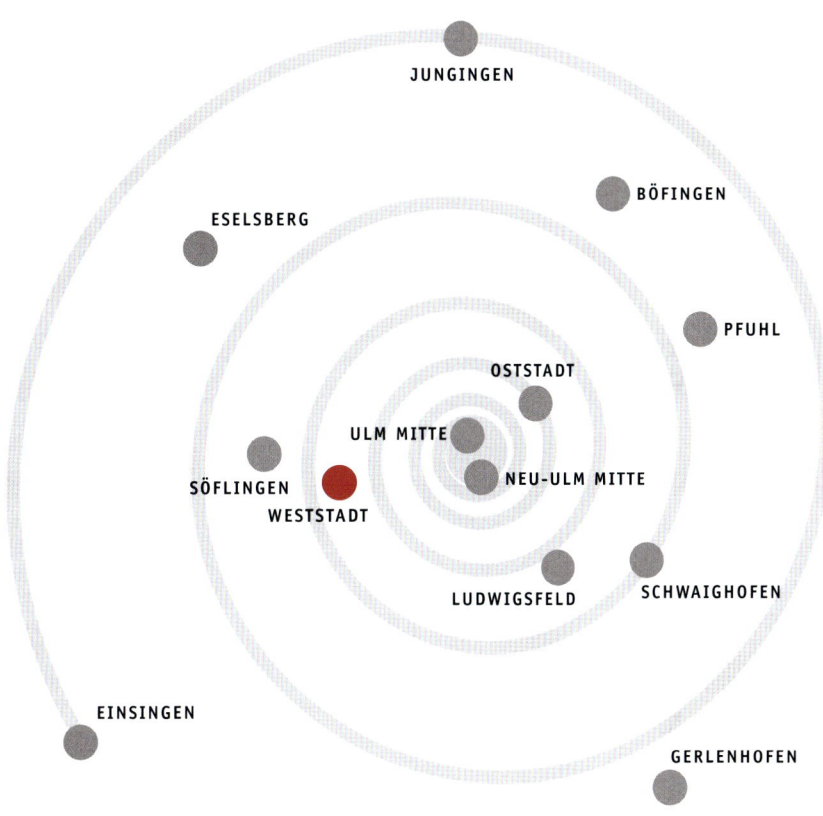

JUNGINGEN

BÖFINGEN

ESELSBERG

PFUHL

OSTSTADT

ULM MITTE

NEU-ULM MITTE

SÖFLINGEN

WESTSTADT

LUDWIGSFELD

SCHWAIGHOFEN

EINSINGEN

GERLENHOFEN

DIE HEILIGE ELISABETH VON THÜRINGEN

1207 am 16. Juli in Sarospatak, Nord-Ost-Ungarn, geboren (möglicherweise auch in Pressburg).
Vater: König Andreas II. von Ungarn (1177–1236),
Mutter: Gertrud von Kärnten-Andechs-Meran (1185–1213)

1211 Verlobung mit dem Landgrafen Herrmann II. von Thüringen. Übersiedlung an den thüringischen Landgrafenhof.

1216 nach dem Tod von Herrmann II. Verlobung mit dessen Bruder, Landgraf Ludwig IV.

1221 Heirat mit Ludwig IV. in Eisenach.

1222 Sohn Hermann wird geboren, Graf von Thüringen (†1241).

1224 Tochter Sophia wird geboren (†1275 o. 1284).

1226 Hungersnot, Überschwemmung, Pest in Thüringen. Magister Konrad von Marburg wird Elisabeths Beichtvater.

1227 Am 24. Juli schließt sich Ludwig dem Kreuzzug Friedrich II. an und stirbt am 11. September in Süditalien auf dem Weg ins Heilige Land.

Tochter Gertrud kam mit eineinhalb/zwei Jahren in das Prämonstratenserinnen Kloster in Altenberg, Wetzlar (1227–1297).

1227 oder 1228 verlässt die Landgräfin die Wartburg.

1228 Elisabeth tritt als Tertiarin dem sogenannten Dritten Orden des heiligen Franziskus bei oder der von Konrad geleiteten Hospitalitergemeinschaft Gründung des Hospitals in Marburg, Lahn.

1231 Elisabeth stirbt am 17. November in Marburg.

1233 Am 30. Juli wird Konrad, der gnadenlose Inquisitor, erschlagen.

1235 Am 27. Mai wird Elisabeth von Papst Gregor IX. heilig gesprochen.

2007 800. Geburtstag wird gefeiert. Zu Ehren der Elisabeth von Thüringen gibt es einen 150 Kilometer langen Pilgerweg von Marburg nach Frankfurt.

19.11. Gedenktag. Die Heilige wird auch von Protestanten geschätzt.

DIE HEILIGE ELISABETH VON THÜRINGEN (1207–1231)

Die personifizierte Barmherzigkeit

Elisabeth von Thüringen ist eine herausragende Heilige, verehrt von allen christlichen Glaubensrichtungen. Wir wissen von ihrem Leben aus den späteren Legenden, denn es gibt nichts Schriftliches und keine authentische bildnerische Darstellung.

Die Legende vom Kornwunder

Das Hungerjahr 1226 war für die Grafschaft Thüringen verheerend, vor allem für die Landbevölkerung. Der Hof aber lebte weiter in Saus und Braus. Da ließ die mildtätige Landgräfin alles verfügbare Korn austeilen und nahm Geld aus der Staatskasse, um die Not zu lindern. Es wurden heftige Vorwürfe gegen Elisabeth erhoben, zumal sich der Besuch Kaiser Friedrichs II. angesagt hatte. Und, oh Wunder, da füllten sich die Kornkammern wieder. Als sich bei der Ankunft des Herrschers kein prächtiges Gewand mehr fand, kleidete ein Engel Elisabeth, und sie empfing den Kaiser standesgemäß in fürstlichem Glanz.

Die Legende vom Aussätzigen

Elisabeths größte Fürsorge galt den Kranken. Eines Tages brachte sie einen Aussätzigen zur Pflege aufs Schloss, wusch ihn und legte den Kranken in ihr Bett, das sie mit dem Ehemann teilte. Diese Ungeheuerlichkeit wurde dem Grafen gemeldet. Er eilte nach Hause, um sich von dem Vorfall zu überzeugen. Als Ludwig die Decke zurückschlug, erblickten alle Anwesenden den gekreuzigten Heiland. Elisabeth kniete in Demut nieder; ihr Gemahl segnete sie und ihr Tun.

Darstellung der heiligen Elisabeth am Marburger Rathaus. In der Hand hält sie die von ihr gestiftete Kirche.

Die Legende vom Rosenwunder

Das Herz der Heiligen gehörte den Armen. Täglich verteilte Elisabeth Brot an die große Schar der Bettler, denn ihre Mildtätigkeit hatte sich herumgesprochen. Als Ludwig sie wieder auf dem Weg von der Wartburg hinunter antraf, hielt er sein Pferd an und fragte nach dem Inhalt des Korbes. Elisabeth wollte ihren Mann nicht betrüben, denn sie wusste sehr wohl, wie die erzürnte Verwandtschaft über ihre Hilfsbereitschaft dachte. Hilflos nutzte sie eine Notlüge: „Es sind Rosen, mein Gemahl." Und tatsächlich, der Korb war gefüllt mit duftenden Rosen. (Das Rosenwunder fehlt allerdings in allen großen Legendensammlungen im Zusammenhang mit Elisabeth von Thüringen. Es wird der Elisabeth von Portugal, 200 Jahre später, zugeschrieben.)

Die Legenden charakterisieren eine ungewöhnliche und eigenständige Frau. Von frühester Jugend an voller Gottvertrauen, dem christlichen Gebot der Nächstenliebe folgend, trotzt sie den Anfeindungen des Hofes. Zielstrebig, zupackend engagiert sich Elisabeth für die Not leidende Bevölkerung. Ihre Ausrichtung auf Gott gibt ihr das nötige Selbstvertrauen. Sie nutzt ihre Position als Landgräfin, um gegen die herrschende Konvention zu handeln. Die verheiratete Frau möchte aber auch ihren Gemahl nicht in Bedrängnis

bringen. Sie liebt ihn, führt eine lebensbejahende, glückliche Ehe und hat drei Kinder mit ihm. Er toleriert ihre Gläubigkeit.

Nach dem Tod ihres Gatten tritt die einundzwanzigjährige Witwe wahrscheinlich als Tertiarin dem Dritten Orden des heiligen Franziskus bei, der ein Jahr zuvor gestorben war. Die letzten Jahre ihres Lebens unterwirft sich Elisabeth vollständig der Kirche und der fanatischen Strenge ihres Beichtvaters. Konrad von Marburg verlangt bedingungslosen Gehorsam, die Trennung von ihren Kindern und allen ihr vertrauten Menschen. Kleinste Verfehlungen ahndet der Geistliche mit demütigenden Bußübungen, Nachtwachen und blutigen Geißelungen. Der Glaubensfanatiker will Elisabeth zur *Heiligen der Heiligen* machen und wird auch nach ihrem Tod die Heiligsprechung vorantreiben. Er verbietet der Tertiarin ihr Vermögen zu verschenken und Kranke intensiv zu betreuen. Doch trotz allem Gehorsam gegenüber dem Seelenführer geht Elisabeth eigenwillig ihren Weg. Voll Freude betreut sie die sozial schwächsten Menschen. Mit ihrem Witwenvermögen gründet sie ein Hospital. Unbeirrt folgt die vorbildhafte Christin ihrem tiefen Glauben und lebt bis zur totalen Erschöpfung Gottes Gebot der Barmherzigkeit.

Monika van Koolwijk

Gottvertrauen

RESI WEGLEIN (1894–1977)

Aus dem Tagebuch der Krankenschwester Resi Weglein

RESI WEGLEIN

1894	Resi Regensteiner wird am 15. Februar als ältestes von sechs Kindern in Nördlingen geboren.
1907	Tod des Vaters Moses Regensteiner und der Mutter Sophie. Vermutlich übernimmt Resi viel Verantwortung für ihre jüngeren Geschwister.
um 1910	beendet Resi die Höhere Töchterschule in Heidelberg.
	Es gibt keine Zeugnisse darüber, wo Resi ihre Ausbildung absolviert. Man nimmt an, dass sie eine Lehre im Handels- und/oder Bürobereich macht.
1914	Eintritt in das Unternehmen A. & E. (Alphons und Ernst) Frank in Frankfurt. Durch ihre Kompetenz und ihre Gewissenhaftigkeit erwirbt sie sich das Vertrauen der Firmeninhaber und erhält im Alter von 28 Jahren Prokura.
	Wahrscheinlich lässt sich Resi Weglein während ihrer Frankfurter Zeit in einem Schnellkurs zur Krankenschwester für den Kriegseinsatz ausbilden (Dokumente gibt es keine, nur ein Foto von ihr als Rot-Kreuz-Krankenschwester von 1915). Ebenfalls kann nur vermutet werden, dass sie den beinamputierten Siego Weglein im Lazarett kennenlernt.
1922	Hochzeit mit Siego Weglein aus Ulm am 28. Dezember.
1923	Resi Weglein verlässt A. & E. Frank am 21. März.
	Zusammen mit den Schwiegereltern Weglein führen sie am Südlichen Münsterplatz in Ulm das angesehene „Spezialhaus für Damen- und Kinderkonfektion".
1924	Geburt des Sohnes Heinz (Heinrich Joachim) am 8. Juni.
1926	Geburt des zweiten Sohnes Walter Manfred am 7. März.
1935	Sie müssen das Geschäft in Folge der „Nürnberger Gesetze" aufgeben, da sie Juden sind.
1939	Die Söhne fliehen auf Geheiß der Eltern aus Deutschland. Heinz wird später in England, Walter in New York leben.
1942	16. August, Nachricht, dass Resi und Siego sich zur Aussiedlung nach Theresienstadt bereit machen müssen.
1945	8. Juli, Rückkehr nach Ulm.
1967	am 1. Juni stirbt Siego Weglein. Die Pflege fordert Resi weit über ihre Kräfte. Bis zu ihrem Tod sind die Telefongespräche mit ihren Kindern die einzigen Lichtblicke ihres Alters, getrübt von der Trauer über die ständige Trennung von ihnen. Ihre Einkommensverhältnisse erlauben keine größeren Reisen.
1977	am 28. Januar stirbt Resi Weglein in Ulm.

„Es fallen Tausende zu deiner Rechten und Linken, dich trifft es nicht." Dieser Gedanke bewegt Resi Weglein in ihrer letzten Nacht in Theresienstadt: Wieso überlebt gerade sie, eine Insassin unter vielen Tausenden, das Inferno der Jahre 1943 bis 1945? Wie ist es möglich, dass sie sich nach all dem Erlebten bald auf dem Weg nach Hause befinden wird? Zurück nach Süddeutschland, zurück nach Ulm. Ist es ihrer robusten Gesundheit, ihrer Erfahrung als Krankenschwester zuzuschreiben? Oder ist es der tiefen Liebe zu ihrem schwer kriegsbeschädigten Mann und zu den beiden ins Ausland geflüchteten Söhnen zu danken, dass sie überlebt hat? Es gelang ihr immer wieder, sich von ernsten Krankheiten zu erholen und trotz der häufigen, durch Überarbeitung hervorgerufenen Kollapse am Leben zu bleiben. Am Ende ihres Rückblicks erkennt sie: „Ohne ein sehr tiefes Gottvertrauen hätte ich diese drei schlimmen Jahre nicht überstanden."

Nach ihrer Rückkehr aus der Deportation und der Ankunft in der neuen Wohnung in Ulm legt sie ein Tagebuch an, um sich das Erlebte von der Seele zu schreiben: „(...) weil ich Heilung erhoffe, Heilung von der Haftpsychose, von dem Grauen (...)". In ihren Aufzeichnungen stellt sie die für sie entscheidenden Gedanken voran: „In schweren Zeiten muss man Gott um Arbeit und um Menschen bitten, für die man leben darf. Leben an sich ist nichts. Für etwas leben ist alles."

Die folgenden Zitate aus Resi Wegleins Aufzeichnungen können nur eine Ahnung vermitteln von den Strapazen, die sie als Krankenschwester in Theresienstadt auf sich nahm. Ihr Tagebuch vermittelt das Bild einer

Der erste Besuch des einundzwanzigjährigen Walter Weglein bei seinen Eltern Resi und Siego Weglein in Ulm 1946 nach fast achtjähriger Trennung.

selbstständigen und selbstbewussten, zupackenden und sensiblen Frau.

Über das Ghetto notiert sie: „Theresienstadt war ein großes Lazarett. Soviel Sieche und Krüppel hat wohl nicht ein Ort der Erde auf einmal aufweisen können. Waren doch vom Oktober '42 bis März '43 über 50.000 Menschen auf einem Raum zusammengedrängt, auf dem vorher knapp 7000 gelebt haben."

„Der 21.8.1942 endete so, dass wir (…) in Viehwaggons eingeladen wurden. (…) In meinem Waggon wurden 16 Menschen untergebracht, die meisten waren gelähmt, und für diese Menschen war eine Krankenschwester zur Betreuung ausersehen. Leider hat sich die uns zugeteilte Schwester nicht um die Kranken gekümmert, so daß ich den Dienst sofort übernahm."

„Mein Mann hatte (…) im Zimmer 60 auf dem Fußboden übernachtet. Wir sahen dort ca. 50 Menschen, Männer und Frauen, durcheinander auf der Erde liegen, fast alle schwer krank. Das Herz ging mir über ob des Elends und ich beschloß, zu helfen, so weit es in meinen Kräften stand."

„In diesen Tagen habe ich an der göttlichen Gerechtigkeit gezweifelt. Ich muß das niederschreiben, weil ich mich heute noch meines Kleinmutes schäme. Die Arbeit an den Kranken ließ mich zurückfinden. Ich habe sehr bald eingesehen, daß ich durch alle diese Prüfungen mußte, um innerlich frei zu werden."

„In kurzen Abschnitten habe ich hiermit die Erlebnisse des Sommers 1944 berichtet. Man hatte sich an die Schwere des Daseins gewöhnt. Es machte einem nicht viel aus, wenn einem nachts die Wanzen ins Gesicht fielen. Den Hunger empfand man wohl immer als das Schlimmste, aber da man nur noch ein Skelett war, brauchte man nicht mehr viel Nahrung, denn der Magen hatte sich den Verhältnissen angepasst. Wir waren einigermaßen zufrieden, wenn wir täglich aufstehen konnten, und hofften, dass es nicht noch schlimmer käme. Die Arbeit war der größte Segen, man kam im Dienst nicht zum Denken."

Andrea Toll

HEILIGE BARBARA (UM 235 N.CHR.)

Ein Symbol der Standhaftigkeit und des Muts

HEILIGE BARBARA

235 n. Chr.	gestorben in Nikodemia (heute Izmir), zur Zeit von Kaiser Maximus Thrax (oder Daja), oder im Jahr 306 n. Chr. in Heliopolis (Ägypten), zur Zeit von Kaiser Galerius. Ort des Martyriums und Todesalter sind unsicher, vermutlich starb sie als junge Frau. Mutter: Über sie ist nichts bekannt. Vater: Dioskuros war vermutlich ein König, ein reicher Kaufmann oder Mitglied der kaiserlich-römischen Leibgarde. Ein Blitz soll den Vater unmittelbar nach der Enthauptung seiner Tochter erschlagen haben.
249–311	Christenverfolgungen im gesamten Römischen Reich (unter Decius, Valerian, Diokletian und Galerius).
12. Jh.	Der 4. Dezember ist Barbaras Namenstag. Kirschbaumzweige werden ins Wasser gestellt, die zu Weihnachten in Blüte stehen.
15. Jh.	Barbara gehört zu den 14 Nothelfern, neben Christophorus, Katharina und Margareta.
Seit 1969	Barbara wird aus dem Festkalender der katholischen Kirche gestrichen. Sie ist nun keine Heilige mehr.

Bildende Kunst:

Barbara wird mit Kelch, Schwert und Gefängnisturm dargestellt. Ihre Darstellung fehlt aber in der evangelischen Kirche, weil diese keine Heiligen kennt. Gelegentlich sind aber Heilige aus der vorreformatorischen Zeit geduldet, wenn sie als menschliches Vorbild dienen, wie Barbara. In der evangelischen Pfarrkirche Holzkirch im Kreis Ulm ist die heilige Barbara in einem Barockkunstwerk über dem Kirchenausgang abgebildet.

Mein Namenstag ist der 4. Dezember, der Tag der heiligen Barbara. Warum hat meine Mutter diesen Namen verwendet, obwohl sie nicht katholisch war? Allerdings ist der Vorname Barbara in meiner saarländischen Heimat, im Land der Bergleute, deren Patronin die heilige Barbara ist, gar nicht so selten. Eine Fremde, denn so heißt Barbara übersetzt, war ich möglicherweise auch, denn so kurz nach dem Zweiten Weltkrieg war neues Leben wohl nicht unbedingt erwünscht.

Das Leben und die Person der heiligen Barbara selbst liegen historisch im Dunkeln. Sie ist nicht als christliche Märtyrerin in den alten Listen aus dem ersten Jahrtausend nach Christus aufgeführt. Barbara soll als sehr junge Frau in der Türkei oder in Ägypten gestorben sein und es ranken sich viele Legenden um diese Heilige. Ihr Vater Dioskuros war wohl ein Römer aus der gehobenen Schicht. Von ihrer Mutter ist nie die Rede. War sie etwa eine dunkelhäutige Frau aus Nordafrika, spekuliere ich, denn Barbara wird auch als *die Schwarze* bezeichnet.

Die schöne und kluge Frau pflegte Kontakte zu jungen Leuten, die dem Christentum angehörten, einer neuen, ketzerischen und vom römischen Staat verfolgten Religion. Barbara folgte aufmerksam den Ausführungen des gelehrten Theologen und Arztes Origines aus Alexandria, der sie vom christlichen Glauben überzeugte, vermutlich zunächst ohne Wissen des Vaters. Dieser versuchte, seine Tochter den christlichen Einflüssen zu entziehen, indem er sie in einen Turm einsperrte. Barbara veranlasste bauliche Veränderungen ihres Gefängnisturms, indem sie als Symbol für die Trinität der Christenheit ein drittes Fenster

Die heilige Barbara in Sterzing

**Das Martyrium der heiligen Barbara.
Lucas Cranach der Ältere, 1510-1515,
Metropolitan Museum of Art, New York**

einbauen ließ. Damit offenbarte sich die Tochter dem von einer Reise zurückkehrenden Vater als getaufte Christin. Wutentbrannt bestrafte er die widerspenstige Tochter, der es daraufhin gelang zu fliehen und sich in einer Felsspalte zu verstecken. Die Flüchtige wurde jedoch von einem Hirten verraten.

Wegen ihres ungebrochenen Widerstandes übergab der Vater die Tochter der römischen Staatsgewalt. Statthalter Marcianus quälte und misshandelte Barbara. Er entwürdigte sie, indem er sie entkleidet durch die Straßen und über die Plätze der Stadt hetzen ließ. Weitere grausame Einzelheiten aus dem Martyrium der Barbara werden in den zahlreichen Legenden ausgemalt. Dank ihres starken Glaubens und Willens überlebte sie die schrecklichen Misshandlungen und blieb dem Christentum treu. Die Standhaftigkeit Barbaras erzürnte den Vater maßlos: Er enthauptete sie eigenhändig mit dem Schwert. Denn mit der christlichen und unbotmäßigen Tochter war seine Ehre verletzt und seine gesellschaftliche Stellung unter den Römern bedroht.

Die patriarchalische Gewalt gegenüber der Tochter – eine Schilderung aus der frühen Christenheit – so fremd ist sie unserer Generation auch 2000 Jahre danach nicht. Medien berichten von Ehrenmorden auch in Deutschland und der brutale Vater ist Thema in zahlreichen Büchern.

Barbara hatte von dem Gelehrten Origines vermutlich nicht nur den christlichen Glauben übernommen, sondern auch von seinem Wissen profitiert. Wissen und Bildung, verbunden mit Mut: Haben sie Barbara ermöglicht, Widerstand gegen die autoritäre Gewalt zu leisten? Meine Überzeugung ist, dass dies nicht nur für Frauen die wirksamsten Waffen gegen Gewalt sind.

Barbara als Symbol der Wehr- und Standhaftigkeit und des Mutes. Ob meine Mutter daran dachte, als sie den Namen für ein im Nachkriegs-Chaos geborenes Kind wählte, mit der Hoffnung auf eine Zukunft mit weniger Benachteiligung und Gewalt gegen Frauen?

Barbara Heinze

Neu-Ulm Ludwigsfeld

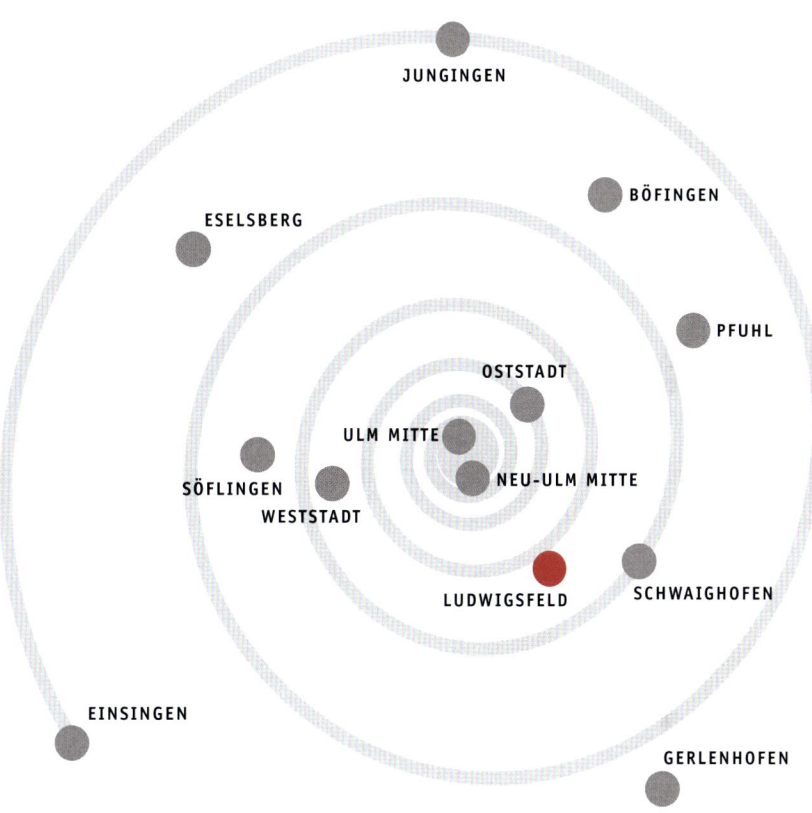

JUNGINGEN

BÖFINGEN

ESELSBERG

PFUHL

OSTSTADT

ULM MITTE

NEU-ULM MITTE

SÖFLINGEN

WESTSTADT

LUDWIGSFELD

SCHWAIGHOFEN

EINSINGEN

GERLENHOFEN

Frauenbewegung

BETTY FRIEDAN (1921–2006)

Die kennt doch keiner

BETTY FRIEDAN

1921	als Betty Naomi Goldsstein in Peoria/Illinois geboren.
1938	Abschluss an der High School in Peoria
1938–1942	Studium am Smith College
1943	University of California
	Anschließend Arbeit als Journalistin bei linksgerichteten Zeitungen.
1947	heiratete sie den Theaterproduzenten Carl Friedan.
1952	wurde sie bei der Gewerkschaftszeitung *UE News* entlassen, als sie mit ihrem zweiten Kind schwanger war.
1957	Treffen der Graduierten des Smith College. Friedan führte 1958 eine Untersuchung über die weiblichen Studenten durch. Ihr Artikel, der das verlorene geistige Potenzial der weiblichen Studenten aufzeigte, wurde von allen Frauenmagazinen abgelehnt.
1963	Ihre Studien dienten als Grundlage für das Buch *Der Weiblichkeitswahn*, das in diesem Jahr erschien.
1966	Mitbegründerin der National Organization for Women (NOW).
1966–1970	war sie die erste Präsidentin von NOW.
1969	Scheidung von Carl Friedan.
1993	Das Buch *Mythos Alter* erschien.
2006	starb Betty Friedan an ihrem 85. Geburtstag an Herzversagen in ihrem Haus in Washington.

Südwestpresse, 7. März 2007:

„Im Neu-Ulmer Wiley sollen die Straßen nach bekannten Amerikanern benannt werden, um die Nachwelt daran zu erinnern, dass dort nach dem Zweiten Weltkrieg bis Anfang der 90er Jahre die US-Armee stationiert war. Unlängst ging es im Haupt- und Finanzausschuss des Stadtrats darum, einen Namen für einen weiteren Ring in Wiley-Süd zu finden. Nachdem im Umfeld ein Ring bereits nach der Frauenrechtlerin Susan Sontag benannt worden war, fiel die Wahl auf die vor einem Jahr verstorbene Schriftstellerin Betty Friedan. Damit waren alle im Rat einverstanden – mit Ausnahme. U.S. (von d. Red. abgekürzt) reckte seinen Finger als Einziger bei Nein empor und bruddelte halblaut vor sich hin: ,Die kennt doch keiner.'"

Stimmt das? Wir bezweifeln das. Betty Friedan war eine der einflussreichsten Feministinnen des späten 20. Jahrhunderts. Sie kritisierte die Reduktion der Frauen auf die Rolle der Mutter und Hausfrau. Ihr Buch *Der Weiblichkeitswahn* wurde ein Bestseller, der in viele Sprachen übersetzt und bis zu ihrem Tod international über drei Millionen Mal verkauft wurde. Hier wies sie unter anderem darauf hin, wie die Vorstellungen von den Aufgaben einer Frau und Mutter in der Familie durch die Werbung und damit die Konsumgüterindustrie unterstützt wurden. Sie forderte die Frauen zum Umdenken auf: „You know that you have brains as well as breasts and you use them." (Ihr wisst, dass ihr nicht nur einen Busen, sondern auch Verstand habt und macht Gebrauch davon.) Im Jahr 1966 gründete sie mit 27 anderen Frauen und Männern die

National Organization for Women (NOW), deren erste Präsidentin sie war. Friedan war der Ansicht, die Emanzipation der Frauen solle nicht gegen die Männer, sondern vielmehr mit den Männern durchgesetzt werden. „Der einzige Weg für eine Frau wie für einen Mann, zu sich selbst zu finden, sich als Mensch kennen zu lernen, ist durch eigene kreative Arbeit. Es gibt keinen anderen Weg", sagte Friedan. Mit der gleichen streitlustigen Intelligenz, mit der sie den Weiblichkeitswahn entkräftete, zerlegte Friedan in dem Buch *Mythos Alter* die Vorstellung von Senilität und Verfall im Alter.

Betty Friedan war jüdischer Herkunft und arbeitete zeitlebens als Journalistin. Sie hatte drei Kinder: Emily, Daniel und Jonathan. Daniel Friedan ist ein berühmter Physiker.

In einem Nachruf schrieb die New York Times: „Sie war streitlustig und aggressiv und neigte zu Wutanfällen." Ihr früherer Mann verglich sie in einem Interview mit einem Dynamo. Als Gründerin der NOW, bis heute die einflussreichste Lobbygruppe für Frauen, nahm Friedan eine führende Rolle im amerikanischen Feminismus ein und hat mit ihren kämpferischen Zielen eine ganze Frauengeneration aufgerüttelt. Sie wird auch *Mutter der Frauenbewegung* genannt.

Agathe Wende

CLARISSA HARLOWE BARTON,
genannt Clara Barton

1821	geboren am 25. Dezember in North Oxford, Massachusetts. Eltern: Stephen und Sarah Barton. Clara besuchte keine öffentliche Schule.
1836	bis etwa 1846 war sie wie eine Lehrerin tätig.
1846	gründete sie eine der ersten freien Schulen in New Jersey.
1854	Nervenzusammenbruch infolge von Überanstrengung. Sekretärin im Patentamt in Washington D.C.
1861–65	Amerikanischer Bürgerkrieg, Gründung einer Hilfsgüterorganisation. Clara Barton meldete sich zum freiwilligen Pflegedienst der Verwundeten.
1864	wurde sie offiziell zur Leiterin der Frontspitäler des Generals ernannt. Für ihren dreijährigen Einsatz an der Front erhielt sie den Titel, ähnlich wie Florence Nightingale, „Engel des Schlachtfeldes".
1866	Gründung eines Vermisstensuchdienstes mit dessen Hilfe dreißigtausend Schicksale geklärt werden konnten. Ihr *Office of Correspondence* war weltweit der erste Vermisstensuchdienst dieser Art.
1869	Reise nach Europa. Kontaktaufnahme zum Schweizer Komitee des Roten Kreuzes (IKRK) und der *Genfer Konvention.*
1870	Im Deutsch-Französischen Krieg kümmerte sich Barton um die Zivilbevölkerung in Straßburg wie auch in Paris. Dafür verlieh ihr der deutsche Kaiser das Eiserne Kreuz.
1873	begann Clara Barton in den USA mit dem Aufbau des Amerikanischen Roten Kreuzes und erweiterte die Hilfsaktion für alle Arten von Katastrophen.
1881	Offizielle Gründung des Amerikanischen Roten Kreuzes mit Barton als erste Präsidentin. Sitz in Washington in der Nähe des Weißen Hauses.
1884	Vertreterin der USA bei der Internationalen Roten Kreuz- und Friedenskonferenz in Genf. Verbindung von humanitärer Hilfe mit Aufbauprogrammen *Hilfe zur Selbsthilfe* der Rotkreuz- und Rothalbmond-Bewegung.
1901	Abdankung als Präsidentin d. Amerikanischen Roten Kreuzes.
1908	Aufbau einer landesweiten Erste-Hilfe-Gesellschaft. Rückkehr nach Glen Echo in Maryland.
1912	gestorben am 12. April in Glen Echo.
1974	Clara Bartons Haus wird zur Gedenkstätte ernannt.

CLARA BARTON (1821–1912)

Engel des Schlachtfeldes

Wer ist Clara Barton? Niemand in meinem Bekanntenkreis weiß es und doch ist eine Straße in Neu-Ulm nach ihr benannt. Ich werde neugierig, schaue im Internet. Das Ergebnis ist erstaunlich! Bei Google erhalte ich tausende Eintragungen, fast nur in Englisch, bei Wikipedia einen Lebenslauf, der als besonders erwähnenswert hervorgehoben wird. Bei Amazon gibt es zwar kein Buch in deutscher Sprache, dafür unzählige Bücher in Englisch. Wer ist diese Frau, die im deutschen Sprachraum nicht bekannt ist, aber im englischen oder amerikanischen einen hohen Bekanntheitsgrad hat? Da lohnt es sich weiterzuforschen.

Clara Barton ist die Begründerin des Amerikanischen Roten Kreuzes. Energie und Mut muss sie gehabt haben. Eine Frau, die das Handeln nicht nur den Männern überließ, wie das zu damaliger Zeit üblich war, sondern die zupackte, wo sie Missstände sah. Clara Barton, die in dem männlich strukturierten Amerika, dem Land der Cowboys und Goldgräber, handeln wollte und immer wieder daran gehindert wurde, weil sie eine Frau war.

Ihre seit Kindheit bestehende Schüchternheit überwand sie durch hohen Energieaufwand und mit besonderer Ausdauer. Mit elf Jahren pflegte sie ihren kranken Bruder und begeisterte sich sehr bald für die Krankenpflege. Mit sechzehn Jahren unterrichtete Clara Barton an einer allgemeinen Schule, erkannte aber rasch die Mängel des Schulsystems. Sie gründete eine freie Schule, durfte allerdings als Frau nicht Schulleiterin werden.

Mit 40 Jahren meldete sich Clara Barton während des amerikanischen Bürgerkrieges wie viele Frauen zur Pflege der Verwundeten. Da die Armee jedoch große Probleme

Clara Bartons Geburtshaus, heute Museum, in Oxford, Massachusetts

Clara Barton um 1866

mit der medizinischen Versorgung hatte, rief Clara Barton unter Aufbietung all ihrer Kräfte – die bürokratischen Hürden erschienen ihr unüberwindlich – eine Gesellschaft für die Beschaffung und Verteilung medizinischer Hilfsgüter ins Leben. Daraus ging später das Amerikanische Rote Kreuz hervor. Seinen offiziellen Namen erhielt das Amerikanische Rote Kreuz 1881. Clara Barton war 20 Jahre lang seine Präsidentin. Zusätzlich war sie Leiterin vieler Frontspitäler, zuerst in Amerika, dann weltweit, weshalb sie den Beinamen „Engel des Schlachtfeldes" erhielt. Sie richtete einen weltweiten Vermisstensuchdienst ein und konnte so viele tausend Vermisstenschicksale klären.

Im Deutsch-Französischen Krieg kümmerte sich Clara Barton zusätzlich um die Zivilbevölkerung in Straßburg und richtete in Paris Werkstätten für Frauen ein, damit diese selbst für ihren Lebensunterhalt sorgen konnten. Dafür erhielt sie von Kaiser Wilhelm I. das Eiserne Kreuz am weißen Bande verliehen.

Obwohl Clara Barton 20 Jahre Präsidentin des Amerikanischen Roten Kreuzes war, legte sie wegen beständiger interner Machtkämpfe enttäuscht und erschöpft ihr Amt nieder. Sie zog sich zurück, litt an Depressionen und starb im Alter von 90 Jahren an einer Lungenentzündung.

Clara Barton war eine Frau, die trotz Schüchternheit, unzureichender Schulbildung und unter besonders schwierigen Umständen unter Aufbietung all ihrer Kräfte Bewundernswertes erreichte. Es war ein guter Schritt, in Neu-Ulm eine Straße nach ihr zu benennen.

Mona Willmann

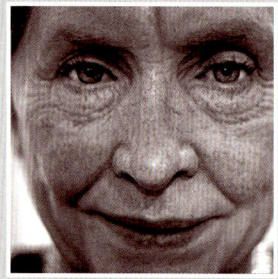

HELEN KELLER (1880–1968)

Blind – taub – weltoffen

HELEN KELLER

1880	am 17. Juni in Tuscumbia, Alabama als erste Tochter des Ehepaars Arthur H. und Kate Keller geboren.
1882	Hirnhautentzündung, Verlust des Seh- und Hörvermögens.
1887	Anne Mansfield Sullivan (21 Jahre) ist Helens Lehrerin. Helen lernt Wörter und ihre Bedeutung mit Fingeralphabet.
1888	Reise zu Alexander Graham Bell, Erfinder des Telefons, Besuch im Weißen Haus und im Perkins Institut für Blinde.
1889	Aufenthalt im Institut. Helen erlernt die Brailleschrift und benutzt die Bibliothek. Sie erhält Sprechunterricht durch Sarah Fuller, Direktorin einer Schule für Gehörlose.
1894	Reise nach New York City, Besuch der Schule für Gehörlose. Helen bleibt zwei Jahre und lernt Französisch, Deutsch, nimmt Gesangstunden und macht Stimmübungen.
1896	Deutschunterricht in der Cambridge School for Young Ladies.
1900	Sprachstudium im Radcliffe College, da Harvard keine Frauen annimmt.
1902	*The Story of My Life*
1904	Helen erwirbt den *bachelor of art cum laude*.
1908	*The World I Live In*
1909	Helen wird Mitglied der Sozialistischen Partei, setzt sich für die Rechte der Frau und das Frauenwahlrecht ein.
1914	Polly Thomson unterstützt Anne.
1916	Teilnahme an Antikriegskampagnen.
1921	Gründung der *American Foundation for the Blind* (AFB) mit Helens Beteiligung.
1930–1936	Reisen nach Irland, Schottland, England, Frankreich und Jugoslawien.
1936	Anne stirbt.
1937	Helen und Polly reisen nach Japan.
1955	Helen ist die erste Frau mit Ehrendoktorwürde in Harvard, Anerkennung ihres Lebenswerks.
1960	Polly stirbt, die Krankenschwester Winnifred Corbally übernimmt Pollys Aufgaben.
1964	Verleihung der Freiheitsmedaille.
1968	18. Juli: Helen stirbt im Schlaf.

Helen Keller ist mit ihrer Lehrerin Anne Sullivan Macy und der Betreuerin Polly Thomson auf einer Europareise nach Frankreich gekommen. Ich stelle mir vor, ihr dort zu begegnen. Deshalb habe ich um ein Treffen gebeten und reise von Ulm nach Paris, wo sich Helen mit ihren Begleiterinnen aufhält.

Die Frauen erwarten mich schon. Helen, schlank, nicht sehr groß, trägt ein weißes, hochgeschlossenes Kleid. Anne erklärt: „Die Menschen wollen Miss Keller immer in Weiß sehen, obwohl Rot ihr sehr gut steht." Die braunen Haare sind am Hinterkopf zu einem Knoten zusammengefasst. Sie wendet mir ihr Gesicht zu und es liegt ein Lächeln darauf, als ich sage: „Ich danke Ihnen, Miss Keller, dass Sie mich empfangen." Dabei beobachte ich, wie Annes Finger meine Worte in Helens Hand übertragen. Helen betastet mein Gesicht und berührt meine Lippen. Was Helen sagt, kann ich nicht verstehen. Ihre Sprache klingt fremd, die Stimme ist hart. Anne Sullivan übersetzt.

Helen weiß, dass ich bei der Christoffel Blindenmission engagiert bin, und das interessiert sie. Auf meine Frage erzählt Helen von ihren Besuchen bei kriegsblinden Soldaten und wie sie ihnen Mut macht und fährt fort: „Ich selber bin ein Beweis dafür, dass ein Leben in Blindheit nicht verloren ist." Dann berichtet sie, wie sie mit Hilfe ihrer Lehrerin lesen und schreiben gelernt und sogar studiert hat und betont: „Der wichtigste Tag in meinem Leben war der, an dem Miss Anne Mansfield Sullivan zu mir kam. Dabei kämpfte ich in leidenschaftlichen Auftritten mit ihr." Anne nickt: „Mit Gewalt

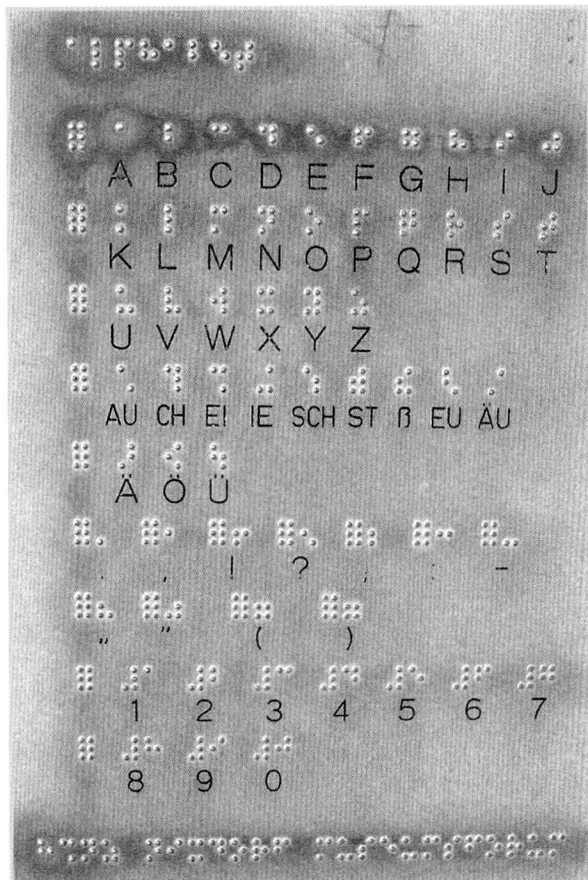

Das Alphabet in Braille-Blindenschrift

gagement und ihren Einsatz für die Rechte der Frauen zu sprechen. Sie weiß, dass das Frauenwahlrecht in Deutschland 1919 eingeführt wurde.

Ich weiß, dass Helen sich gegen die Diskriminierung der Schwarzen in den Vereinigten Staaten einsetzt. Zu ihrem Bedauern hat das dazu geführt, dass ihre Familie Abstand von ihr genommen hat.

Anne gibt mir ein Zeichen, dass wir die Unterhaltung beenden sollen. Ich habe Helen einen kleinen Gussabdruck des Ulmer Münsters mitgebracht. Helen befühlt die Umrisse des Münsterturms und staunt über die schlanke Form. „Der Turm ist ohne Aufzug und wer hinauf will, muss viele Stufen zu Fuß überwinden", erläutere ich.

Zum Abschied will ich Helen die Hand reichen. Sie spürt meine Nähe und umarmt mich. Ich verlasse die

drei Frauen. Jetzt kann ich verstehen, dass so viele Menschen von Helen Keller beeindruckt sind. Ich bin es auch.

Erdmute Dietmann-Beckert

konnte ich nichts erreichen. Darauf reagierte Helen mit Wutanfällen. Sie wollte sich auch nicht lieben lassen. Nur wenn jemand stärker war als sie, respektierte sie das. Eines Tages aber ließ Helen sich von mir küssen."

Wir reden von Helens Büchern und ihren Briefen, die überall in der Welt mit großem Interesse gelesen werden, in Deutschland aber verbrannt wurden. Helen begeistert sich für die deutsche Sprache, nicht für das Land. Sie kennt die Literatur Goethes und Schillers und meint: „Es muss doch einen Weg geben, die Welt von diesem Hitler-Dasein zu befreien." Wir kommen auf ihr Antikriegsen-

MARGARET MUNNERLYN MITCHELL

1900	Geburt am 8. November in Atlanta im Staat Georgia (USA). Sie war das dritte Kind des Rechtsanwalts und Präsidenten der Atlanta Historical Society Eugene Mitchell und seiner Frau Mary Isabelle.
1918	Nach dem frühen Tod der Mutter übernahm sie den elterlichen Haushalt. Zuvor hatte sie das Smith College in Connecticut besucht.
1922	Am 2. September heiratete sie Berrien „Red" Upshaw.
1924	Scheidung
1925	Hochzeit am 4. Juli mit Upshaws Freund John Marsh.
1926	begann Mitchell ihren Roman *Vom Winde verweht* zu schreiben.
1936	Am 30. Juni erschien der Roman. Im selben Jahr verkaufte sie die Filmrechte an ihrem Buch für 50.000 US-Dollar.
1937	wurde sie für ihr Werk mit dem Pulitzer-Preis ausgezeichnet.
ab 1940	engagierte sich die Autorin ausschließlich für wohltätige Zwecke und beantwortet Fanpost.
1949	Am 11. August überfuhr sie ein betrunkener Taxifahrer beim Überqueren der Peachtree Street. Sie starb am 16. August und ist auf dem Oakland Cemetery in Atlanta begraben.
1965	Posthume Auszeichnung mit dem *Shining Light Award* für ihre „Verdienste im Sinne der Menschlichkeit".
1989	Der Bürgermeister von Atlanta ernannte das Margaret Mitchell Haus, in dem sie den Roman schrieb, zu einem der offiziellen Wahrzeichen der Stadt.

MARGARET MUNNERLYN MITCHELL (1900–1949)

Auf ein Wort, Frau Mitchell

Wer kennt ihn nicht, den Roman *Vom Winde verweht*? Von der ersten bis zur 1188. Seite verschlangen ihn Millionen von Lesern, verfolgten das Schicksal der Protagonistin Scarlett O'Hara. Aber was wissen wir über die Autorin? Im Jahr 1949, kurz vor ihrem Tod, lebt Margaret Mitchell in Atlanta. Eine Journalistin aus der Zukunft trifft sich zu einem Gespräch mit ihr.

Frau Mitchell, sie wurden erst 35 Jahre nach dem Ende des amerikanischen Bürgerkrieges geboren. Woher kommt ihr Bezug zu diesem Thema?
(Margaret Mitchell lacht) Von meiner Großmutter! Sie erzählte mir Gutenachtgeschichten über den verlorenen Krieg der Southerners, deren verletzten Stolz, die Zerstörung Atlantas und die Zeit der Rekonstruktion. So vermittelte sie mir ein lebendiges Bild der damaligen Zeit. Natürlich habe ich mich nicht nur auf ihre Erzählungen gestützt, als ich meinen Roman geschrieben habe, sondern auch intensiv in unserer örtlichen Bibliothek recherchiert – das Buch sollte historisch möglichst korrekt sein. Es ging mir aber nicht nur darum, ein Bürgerkriegsepos zu verfassen. Ich wollte auch der Generation von Frauen ein Denkmal setzen, die sich während des Krieges allein durchgeschlagen haben, ihre Kinder versorgen und die Plantagen vor dem Niedergang retten mussten. Meine Großmutter zählte auch zu ihnen.

War es schon immer ein Wunsch von Ihnen, einen Roman zu schreiben?
Nein, die Idee dazu kam erst später, aber das Schreiben hat mir bereits früh Freude bereitet. In der Schule war es das Einzige, worin sich eine Begabung zeigte. Meine Mut-

Margaret Mitchells Haus in Atlanta, Georgia, ist heute ein Museum.

ter, eine der führenden Suffragetten Atlantas, bemühte sich sehr, mir zu vermitteln, wie wichtig eine Ausbildung für eine Frau ist, um unabhängig zu sein. Also gab ich als Berufswunsch Ärztin an. Ihr zuliebe besuchte ich das Smith College in Connecticut. Nach dem plötzlichen Tod meiner Mutter brach ich das Studium ab und kümmerte mich um meinen Vater und meinen Bruder.

Die Ehe mit Red Upshaw scheiterte und gegen die damals herrschenden Konventionen entschloss ich mich, berufstätig zu werden. Ich arbeitete als eine der ersten Frauen als Lokalreporterin beim Atlanta Journal Magazin. Hier wurde ich schnell erfolgreich und anerkannt.

Wie ging es dann weiter?

Ich heiratete wieder, und zwar John Marsh, der ebenfalls Journalist war und mein Schreiben unterstützte. Eine Verletzung und Arthritis zwangen mich dazu, meine Karriere aufzugeben. Ich war längere Zeit ans Bett gefesselt und mich plagte eine ungeheure Langeweile. John kaufte mir eine gebrauchte Remington-Reiseschreibmaschine, auf der ich begann, meinen Roman zu schreiben.

Dachten Sie auch an eine Veröffentlichung?

Überhaupt nicht! Ich hielt nicht viel von meinen schriftstellerischen Qualitäten. Außerdem hatte ich große Sorge, verklagt zu werden. Zum einen wegen der Ähnlichkeiten meiner Romanfiguren mit lebenden Personen, zum Beispiel trägt Rhett Butler Charakterzüge meines ersten Ehemanns. Zum anderen fürchtete ich mich vor dem Vorwurf der Geschichtsfälschung.

Wie fand Ihr Manuskript trotzdem den Weg zum Verlag?

Das habe ich einer Freundin zu verdanken – meinem Mann habe ich es übrigens nie zu lesen gegeben. Sie machte einen Verlag auf mein Buch aufmerksam. Viele Verlage suchten in den Tagen der Depression händeringend nach Romanen, die die Sehnsüchte der Menschen befriedigen konnten.

Der Erfolg war überwältigend: Vom Winde verweht wurde sofort zum Bestseller. Bereits nach einem halben Jahr waren eine Million Bücher verkauft. Wollten Sie nie einen zweiten Roman schreiben?

Meinen Ruhm konnte ich nicht genießen. Die Prozesse um Urheberrechte und Honorare belasteten mich sehr. Ich hatte mir geschworen, nie wieder ein Buch zu schreiben. Mark Twain stellte einmal fest: „Mancher schreibt gleich *zwei Bücher* auf einmal: das erste und das letzte."

Andrea Toll

PEARL S. BUCK

1892	Geburt in Hillsboro in West Virginia, USA, als Tochter eines Missionarsehepaares.
	Kindheit und Jugend in China, Literaturstudium in den USA.
1917	Heirat mit dem Agrarwissenschaftler John Buck und Geburt einer geistig behinderten Tochter.
1922–1932	Professorin für englische Literatur in China.
1930	erster Roman *Ostwind – Westwind*.
1932	Pulitzer-Preis für den Roman *Die gute Erde*.
1935	Scheidung. Sie heiratet ihren Verleger Walsh. Im Laufe der Jahre Adoption von acht Kindern.
1938	Literatur-Nobelpreis
1973	Tod in Danby, Vermont.

PEARL S. BUCK (1892–1973)

Bücher
meiner
Jugend

Ich habe die Bücher von Pearl S. Buck als Jugendliche verschlungen. Einfühlsam und spannend schilderte sie in ihren Romanen das Leben in China Anfang des letzten Jahrhunderts, das sich so sehr von unserem Leben unterschied und mir oft fremd erschien. Was wir im Westen für barbarisch hielten, galt in China als hoch zivilisiert. Ich erinnere mich, dass in ihren Büchern geschildert wurde, wie Frauen in China die Füße eingebunden wurden. Das hat mich besonders entsetzt. Doch je zierlicher die Füße einer Frau waren, umso kultivierter und erotischer war diese Frau in China. Für uns im Westen war und ist diese Sitte Barbarei und Quälerei.

Pearl S. Buck sagte dazu: „Die Grenzen zwischen Zivilisation und Barbarei sind nur schwer zu ziehen. Stecken Sie sich einen Ring durch die Nase und Sie sind eine Wilde, stecken Sie sich zwei Ringe durch die Ohren und Sie sind eine Zivilisierte."

Die Autorin führte ein Leben voller Gegensätze, ein Leben zwischen Ost und West, geprägt von privaten Höhen und Tiefen, wie Heirat, Geburt einer geistig behinderten Tochter, Scheidung, erneuter Heirat, Adoption von acht Kindern, wechselnden Aufenthalten in den USA und China.

Ihr erster Roman war *Ostwind – Westwind*. Zwei Jahre später erschien *Die gute Erde*, für den sie den Pulitzer-Preis bekam. Der Höhepunkt ihrer literarischen Karriere war die Verleihung des Literatur-Nobelpreises. Die Entscheidung des Nobelpreis-Komitees stieß bereits bei der Verleihung auf Unverständnis. Viele Kritiker maßen der Autorin keinen großen literarischen Rang bei und zählten ihre Romane eher zur Trivialliteratur.

**Pearl Bucks Geburtshaus
Stulting in Hillsboro,
West Virginia**

Jedoch hat sie es mit ihrer Schilderung der damals fried-
lichen Welt Chinas geschafft, ein Gefühl der Geborgenheit
zu erwecken, das zu unserer unruhigen Nachkriegswelt im
Westen in wohltuendem Gegensatz stand, denn zu dieser
Zeit wurden ihre Bücher hauptsächlich gelesen.

**Die Familie Sydensticker
um 1901: Pearl, Absalom,
Grace und Carie, hinter ihnen
Wang, das Kindermädchen**

   Mit ihrer Literatur setzte sie sich für die Völkerverstän-
digung ein. Sie zeigte die kulturellen Gegensätze zwischen
Ost und West auf, um so eine Brücke des Verständnisses
und der Toleranz zu schlagen. Eine Brücke, die jetzt durch
die Globalisierung immer leichter überschritten wird, da
Ost und West sich immer mehr angleichen und die alten
Gegensätze immer mehr verschwinden.

   Umso wertvoller erscheint jetzt ihre Literatur, da sie
an diese alte Kultur der Gegensätze zwischen Ost und West
erinnert. Ich selbst werde, dank ihrer Literatur, das bereits
jetzt schon fast vergangene China in farbiger Erinnerung
behalten.

   Für die heutige Jugend spielen die Bücher von Pearl S.
Buck keine Rolle mehr. Aber ich kann mir vorstellen, dass
man sie als Zeugnis der Vergangenheit in einigen Jahren
wieder liest.

Mona Willmann

**Pearl Buck Ende der 60er
Jahre mit einem ihrer
Adoptivkinder im
Welcome House**

SUSAN SONTAG

1933	Geboren am 16. Januar in New York.
1949	Beginn des Französisch-, Literatur- und Philosophiestudiums in Chicago.
1950	Ehe mit dem Soziologen Philip Rieff.
1951	Geburt des Sohns David.
1957	Abschluss des Studiums.
1958	Akademisches Jahr in London und Paris.
1959	Mitherausgeberin der Zeitschrift *Commentary*.
1960	Akademische Laufbahn an Universitäten in Amerika in den Fächern Englisch und Philosophie.
1962–1967	Essays in Kulturzeitschriften, die Romane *Der Wohltäter* und *Todesstation* erscheinen.
1968	Reise nach Hanoi während des Vietnamkrieges und anschließender Bericht *Reise nach Hanoi*.
1969	Erster Film in Schweden mit Buch und Regie.
1976	Erkrankung an Brustkrebs.
1978	Essay *Krankheit als Metapher*.
1988	Zusammenleben mit der Fotografin Annie Leibowitz bis zu ihrem Tod.
1993	Erstaufführung von Becketts *Warten auf Godot* in Sarajewo, wo Sontag drei Jahre lang lebt. US-Bestseller *Der Liebhaber des Vulkans*.
2000	Erscheinen ihres Romans *In Amerika*.
2000	National Book Award
2001	Jerusalempreis
2003	Politik-Dozentin in Tübingen.
2003	Friedenspreis des Deutschen Buchhandels in der Paulskirche in Frankfurt.
2004	Gestorben am 28. Dezember in New York an Leukämie; Beisetzung auf dem Friedhof Montparnasse in Paris.

SUSAN SONTAG (1933–2004)

Literarische und politische Rebellin

Mein Leben war bunt, aufregend, schillernd und kämpferisch. Ich hatte noch so viel vor, doch mein Leben war dafür viel zu kurz, sodass ich nicht alles verwirklichen konnte. Dass mir in Neu-Ulm eine Straße gewidmet wurde, ist erstaunlich. Ich will aus meinem Leben erzählen, damit die Neu-Ulmer verstehen, wie ich zu dieser städtischen Ehre gekommen bin.

Mein Leben begann 1933 in New York. Meine Vorfahren waren jüdische Einwanderer. Schon sehr früh wurde es um mich unruhig, mein Vater arbeitete in China, meine Mutter in Amerika, sodass meine Schwester und ich bei meinen Großeltern aufwuchsen.

Als ich sechs Jahre alt war, starb mein Vater an einer Tuberkulose, so musste ich mich schon als Kind mit dem Thema Krankheit, Ausgrenzung und Tod auseinandersetzen. Nicht nur Kinder, sondern auch Erwachsene haben mich gemieden, da sie Angst hatten sich anzustecken.

Bereits mit 16 Jahren studierte ich in Chicago Französisch, Literatur und Philosophie. Unerfahren wie ich damals war, heiratete ich mit 17 Jahren den Soziologen Philip Rieff und bekam einen Sohn. Da die Ehe rasch zerbrach, wuchs er – ebenso wie ich – bei seinen Großeltern auf. Nach Abschluss des Studiums war ich erst einmal Mitherausgeberin der Zeitschrift *Commentary,* dann hielt ich an amerikanischen Universitäten Vorlesungen in Literatur und Philosophie, nebenher machte ich erste Schreibversuche. Mein erster Roman hieß *Der Wohltäter*.

Ich drehte Filme, verfasste Drehbücher, organisierte 1989 einen Protest amerikanischer Intellektueller gegen Khomeinis Kampagne gegen Salman Rushdie. Zuletzt

setzte ich mich mit der Bush-Politik auseinander.

Mit 55 Jahren lernte ich die berühmte Fotografin Annie Leibowitz kennen, mit der ich bis zu meinem Tod in einer Beziehung lebte. Es gehörte Mut dazu, im puritanischen Amerika zu dieser Beziehung zu stehen.

Nochmals habe ich erfahren müssen, wie es ist, ausgegrenzt zu werden: Ich bekam Brustkrebs, von dem ich glücklicherweise geheilt wurde. Aus dieser Erfahrung heraus habe ich mich erneut mit dem Thema Krankheit auseinandergesetzt. Mit einbezogen habe ich das wichtige Thema AIDS, das in den 80er Jahren besonders brisant war. Daraus entstand das Buch *Das Leiden anderer betrachten*.

2001 erhielt ich den *Jerusalempreis*. Dies ist ein Literaturpreis der Stadt Jerusalem, der alle zwei Jahre an Personen verliehen wird, die sich für die Freiheit der Individuen einsetzen. Bei der Entgegennahme äußerte ich mich kritisch über die Israel-Politik in den palästinensischen Autonomiegebieten und sorgte so für heftige Kontroversen. Nur wenige Menschen wagten, sich kritisch zu dieser politischen Situation zu äußern. Es gehörte Mut dazu,

Susan Sontag nimmt 2000 den *National Book Award*, den bedeutendsten Buchpreis der USA, entgegen.

aber es musste sein.

2003 erhielt ich den *Friedenspreis des Deutschen Buchhandels*. Er wird seit 1950 an Persönlichkeiten verliehen, die in besonderem Maße durch ihre Tätigkeit zur Verwirklichung des Friedensgedankens beigetragen.

In dieser Intensität wäre mein Leben weitergelaufen, wäre da nicht schon wieder eine schwere Erkrankung aufgetreten, die mich daran hinderte, mit meiner Gesundheit weiter Raubbau zu treiben.

Mit 71 Jahren war Schluss: Leukämie. Mein letzter Wunsch war es, in Paris auf dem Friedhof Montparnasse beigesetzt zu werden. Er wurde mir erfüllt.

Mona Willmann

Ulm Söflingen

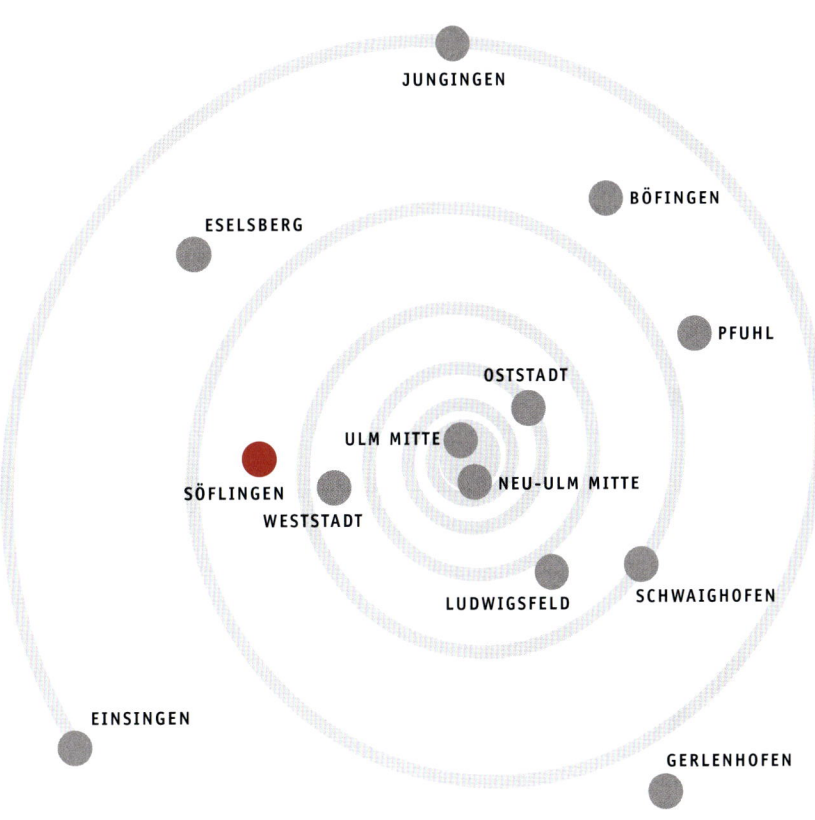

JUNGINGEN

BÖFINGEN

ESELSBERG

PFUHL

OSTSTADT

ULM MITTE

SÖFLINGEN

NEU-ULM MITTE

WESTSTADT

LUDWIGSFELD

SCHWAIGHOFEN

EINSINGEN

GERLENHOFEN

Konte

ÄBTISSIN EUPHROSINA RAMPF (1648–1718)

Klosterfrauen herrschten in Söflingen jahrhundertelang

ÄBTISSIN EUPHROSINA RAMPF

1648	in Küsslingen geboren
1663	am 18.08. Eintritt ins Clarissenkloster Söflingen und Einkleidung
1684	am 19.08. Profess
1684–1687	Äbtissin am Ort
1714	am 03.09. Jubiläum zum 50. Ordensjahr nach dem Eintritt ins Kloster
1718	am 11.03. stirbt sie

Sie war die 14. Äbtissin nach der Reformation des Klosters 1484. Ihre besondere Tat war der Anstoß zum Wiederaufbau der Klosterkirche St. Maria. Ihre Eltern gelten als besondere Wohltäter des Klosters. Mehr habe ich nicht über sie erfahren können.

Das Siegel der Äbtissinnen des Clarissenklosters. Es stellt einen Pelikan dar, der seine Jungen nährt.

„Unter den Frauenklöstern im Ulmer Gebiet war es nicht nur das bedeutendste und das bekannteste der deutschen Klarissenklöster, sondern auch die reichste Niederlassung im deutschen Sprachgebiet." So wird über das Clarissenkloster in Söflingen berichtet, dem auch der Ort selbst über Jahrhunderte seine Existenz verdankte. Gegründet wurde es zur Stauferzeit und mit reichen Besitzungen seitens edler Stifter ausgestattet.

32 Klosterfrauen und 14 Schwestern lebten hinter den hohen Klostermauern nach den strengen Regeln der durch Franz und Klara von Assisi gegründeten weiblichen Ordensgemeinschaft. An ihrer Spitze stand die Äbtissin, die der Konvent gewählt hatte. Ihr Amt erforderte nicht nur eine starke Persönlichkeit, sondern auch eine ehrwürdige Herkunft aus einem namhaften, ansehnlichen Patrizier- oder Aristokratengeschlecht. Außer tiefer Gottgläubigkeit brauchte es hohe soziale Kompetenz, politische Aufgeschlossenheit und geschickte Verwaltereigenschaften für einen so umfangreichen Besitz. Euphrosina Rampf, die von 1684 bis 1687 als Äbtissin dem Kloster vorstand, besaß diese Voraussetzungen ganz ohne Zweifel.

Trotz aller Begünstigungen wurde das Kloster vor allem in den unruhigen Zeiten des Dreißigjährigen Kriegs im 17. Jahrhundert und den sogenannten französischen Kriegen des 18. Jahrhunderts stark mitgenommen. Es sollte über ein halbes Jahrhundert dauern, bis sich die Gegend von den Verwüstungen erholt hatte.

Dann aber beschlossen die Nonnen und ihre Vorsteherinnen Euphrosina Rampf, Cleopha Veeser und Angela von Slawata, ihre Kirche von Grund auf zu erneuern. Dazu

Die Kirche St. Mariä Himmelfahrt heute, erbaut in den Jahren 1820 bis 1821, nachdem 1805 die Pfarrkirchengemeinde St. Mariä Himmelfahrt die Klostergemeinde abgelöst hatte.

beriefen sie den berühmten Baumeister Caspar Feichtmeyer aus der Weilheim-Wessobrunner Schule, die ab Ende des 17. Jahrhunderts maßgeblich die Baukunst in Süddeutschland beeinflusste. Von 1686 bis 1688 erstand der Neubau der Kirche in voller Schönheit. Das geräumige Saalschiff und der eingezogene, im Halbkreis schließende Chor wurden sogar mit Stichkappentonnen eingewölbt. Die obere der beiden hölzernen Westemporen reichte als Nonnenchor weit über die Schiffsmitte vor. Feichtmeyers Kunst rief den freudigen Beifall der Äbtissin Euphrosina Rampf hervor, die das Bauvorhaben eingeleitet hatte. Auch das klösterliche Wohltäterbuch hielt die Erinnerung an den Meister lebendig: Die Nonnen beteten jeweils in der ersten Januarwoche zu Gott für seine Seele. Für diese Jahresmesse ließ der Stifter und Baumeister Feichtmeyer an seinem Verdienst hundert Gulden nach.

Die tatkräftige Äbtissin Euphrosina Rampf übergab 1687 das Amt nach zweijähriger Bauleitung an ihre Nachfolgerin Kleopha Veeser. Zu Ende gebracht wurde das Werk durch Äbtissin Angela Gräfin Slawata. Euphrosina Rampf lebte weiter als schlichte Nonne im Söflinger Kloster bis zum Tod in ihrem 70. Lebens- und 54. Ordensjahr. Viel mehr wird in den Akten nicht über sie berichtet, außer der kurzen Bemerkung, dass sie 1704 eine Reliquientafel für die Kirche gestiftet hat, die die Chormeisterin Benigna Manharding von Polling anfertigte.

1803 verlor das Kloster seine hart erkämpfte Reichsunmittelbarkeit. Es kam unter bayerische Verwaltung und ab 1810 an das protestantische Königreich Württemberg. Die verbliebene Klostergemeinschaft löste sich nach und nach auf. Der Grundbesitz wurde verkauft, die Gebäude teilweise abgerissen. Doch die von Äbtissin Euphrosina initiierte Kirche blieb erhalten und dient bis heute der katholischen Gemeinde in Söflingen als Pfarrkirche St. Mariä Himmelfahrt.

Ursula Bischoff

CLARISSENKLOSTER SÖFLINGEN

1235–1237	Gründung des Klosters „Auf dem Gries".
1258	Graf Hartmann IV. von Dillingen stiftet umfangreichen Grundbesitz dem Clarissenkloster in Söflingen. In dem weit gestreuten Besitz übte die Äbtissin die Herrschaft aus.
1356	übernimmt die Reichsstadt Ulm die Klostervogtei.
1392	Erste Dorfordnung für die Söflinger Bürger.
1484	In einer Urkunde gewährt Papst Innozenz VIII. (1484–1492) den Schwestern das Recht, das Kloster zu verlassen und in ein anderes Kloster zu ziehen, falls sie die in den vergangenen Jahren eingeführten strengeren Reformmaßnahmen nicht akzeptieren wollen.
1492	und die Jahre danach: Neubau des Klosters.
Im 16. Jh.	wurden wiederholte Reformationsversuche der Reichsstadt Ulm erfolgreich abgewehrt.
Im 17. Jh.	beschädigten viele Kriegseinwirkungen, wie die des Dreißigjährigen Krieges (1618–1648), und weiterer Kampfhandlungen das Kloster nachhaltig.
1687–1693	Bau der frühbarocken Kirche und Weihe.
1768–1773	Erlangung der Reichsunmittelbarkeit.
1803–1804	Ende des Konvents. Das Königreich Bayern übte die Verwaltung des Klosters durch einen Kommissar aus. Die Äbtissin verlor den Status der Reichsunmittelbarkeit und alle hoheitlichen Herrschaftsrechte. Sie war nur noch „Oberin" und durfte als solche im Kloster bleiben.
1805	wurde die Klosterkirche Pfarrkirche.
1809	Die Anlage wurde zu einem Lazarett für französische Truppen. Die Klosterfrauen suchten Schutz im säkularisierten Dominikanerkloster Obermedlingen.
1810	Im Staatsvertrag von Compiegne geriet Söflingen mit dem Kloster an das Königreich Württemberg. Die Klosterfrauen konnten zurückkehren, um Bayern die Kosten des Unterhalts zu ersparen.
1814	Lazarett für württembergische Truppen, was die endgültige Auflösung des Konvents zur Folge hatte.
1807–1818	Verkauf der meisten Klostergebäude oder sie wurden zum Abriss freigegeben.

CLARISSENKLOSTER SÖFLINGEN (1235–1818)

Widerspenstige Klosterfrauen gewinnen

Auf dem Konzil von Konstanz zu Beginn des 15. Jahrhunderts wurde die innerhalb des Franziskanerordens entstandene Reformbewegung zum ersten Mal als *Observanten* bezeichnet. Das waren Gruppen, die es für nötig erachteten, Klosterbewohner zu überwachen und unter Anwendung bestimmter, vor allem strengerer Regeln zu überführen. In Frauenklöstern bezogen sich diese speziell auf die persönliche Besitzlosigkeit und Einengung der Klausur. Gräfin Mechthild von Württemberg förderte die Observantenbewegung nach Kräften. Ihr Sohn Eberhard im Bart (1459–1496) machte sie zum politischen Mittel, seinen Einflussbereich auf Klöster, ihre Dörfer und Güter innerhalb seines Herrschaftsgebietes auszudehnen. Gegen Mitte des Jahrhunderts waren fast alle Männerklöster reformiert, ihre eifrigsten Äbte waren als Prälaten in die Landesregierung eingebunden. Nun waren die Frauenklöster, die sich bislang noch widersetzen konnten, an der Reihe. Sie waren in den Landständen nicht vertreten und daher politisch weniger relevant. Angeblich regelwidrige Verhältnisse boten stets willkommene Anlässe für einen unangekündigten Überfall.

„Im Jahre 1484 kam endlich die schon lange als notwendig erkannte, aber von den Nonnen immer wieder hintertriebene Visitation des Söflinger Klarissen-Klosters zu Stande", berichtete der Ulmer Chronist D. A. Schultes vom Geschehen. Es seien die Äbte von Blaubeuren und Hirsau und mit ihnen Graf Eberhard von Württemberg mit etlichen weltlichen Räten und vielen Bewaffneten vor das Klostertor gezogen. Aber „die Nonnen öffneten das Tor nicht, es musste erbrochen werden. Die Äbtissin und 32 Nonnen, von denen viele in gesegneten Umständen waren, wurden fort-

Wandmalerei im südlichen Torbogen des Söflinger Klosterhofes. Sie zeigt die Klosteranlage bevor 1818 viele Gebäude abgebrochen wurden.

geschickt und neue an ihre Stelle gesetzt ...". Die neuen Klosterfrauen stammten aus Pfullingen. Das dortige Kloster war eines der ersten, das Herzogin Mechthild erfolgreich zu reformieren half. In seinem Bericht an den Papst soll Graf Eberhard geschrieben haben: „die Söflinger Nonnen führen nicht nur ein unzüchtiges und gottloses, sondern ein kaum menschliches Leben."

Diese aber „waren empört und protestierten heftig gegen das Vorgehen der Kirchen- und Stadtoberen. Sie waren weder bereit, die Reform und Beschneidung alter Rechte durch Verschärfung der Klausurbestimmungen zu akzeptieren, noch dem Befehl der Äbte, das Kloster zu verlassen, Folge zu leisten." (Zitiert nach Ulmer Bilderchronik Band 1, S. 70 und 71.) Es half ihnen nichts. Ihre Proteste wurden in den Wind geschlagen, die widerspenstigen unter den Nonnen wurden ausgesiedelt, die übrigen kehrten nach einiger Zeit zurück. Die Reform war wirksam, wenig hatte sie verändert. Frauen nicht nur aus dem Adel, sondern nun auch aus den gehobenen Bürgerschichten fanden Aufnahme im Kloster. Handwerkliche Fertigkeiten wurden geübt. Eine rege Bautätigkeit entwickelte sich, Erweiterungsbauten und Renovierungsarbeiten wurden notwendig und durchgeführt.

Der eigentliche Gewinner war der gestärkte württembergische Territorialstaat, denn die reformierten Klöster waren nunmehr integrierte Bestandteile und weitgehend von ihm und seinen Strukturen abhängig, wie beispielsweise von der Steuerpflicht und anderen Abgaben. Der gesamte Komplex Land und Herrschaft wurde erneut gefestigt durch die Verleihung der Herzogswürde an Eberhard im Bart (1495) und zu einem einheitlichen Reichslehen zusammengefasst. In der Erhebungsurkunde wurden ausdrücklich die drei Stände genannt: Prälaten, Ritterschaft und Landschaft.

Doch die Akzeptanz der strengen klösterlichen Klausur gibt zu denken. Ebenfalls im Jahre 1484 erschien die Hexenbulle des Papstes Innozenz IV., die zwar in vielen Reichsstädten als „lauterer Wahn" bezeichnet wurde, doch vielerorts das Ansehen gerade alleinstehender und verwitweter Frauen geschmälert, wenn nicht gefährdet hat. Kann man Menschen schützen durch Einmauern und Wegschließen? Die Reformation, die in Ulm 1531 eingeführt wurde, befreite die Frauen aus den Mauern und steckte sie dafür, wie Luther sagte, „ins Hauswesen", für das sie geschaffen seien.

Das Söflinger Kloster widerstand auch diesen Gefahren, es wehrte sich gegen ständige Übergriffe seitens der protestantisch geführten Reichsstadt Ulm erfolgreich bis 1803.

Ursula Bischoff

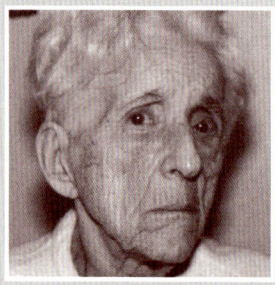

Unbeka

OTTILIE KITTELMANN, GEB. FREY (1904–1999)

Mühsame Spurensuche

OTTILIE KITTELMANN, GEB. FREY

1904	am 16. Dezember in Söflingen geboren, dritte Tochter des Söflinger Bauwerkmeisters Karl Frey Besuch der Mittelschule für Mädchen Kaufmännische Lehre
1941	Heirat mit Hans Kittelmann in Berlin
1946	Rückkehr nach Ulm in die Gneisenaustraße 49, Umzug in den Lehrer-Tal-Weg 6, Kontoristin bei der Firma Bernheimer
1988	am 18. Juni verwitwet
ab 1992	wohnhaft im Clarissenhof, Clarissenstraße 11, Ulm Söflingen
1999	am 4. September in Ulm Söflingen gestorben

Sohn: Richard Kittelmann

An heißen Sommertagen gießt manchmal ein Fremder die welkenden Blumen auf dem Familiengrab der ihm unbekannten Kittelmanns. Nun hat diese Ruhestätte für den jungen Mann eine Geschichte. Er bedankte sich erfreut für meine Informationen. Auch der Altenpfleger hat sich ehrlich gefreut, als er erfuhr, dass seiner gütigen Frau Kittelmann noch nach ihrem Tode Gutes getan wird.

Maria- oder Ottiliengasse? Am 31. Oktober 1912 wurde auf Antrag des Vorsitzenden des Ulmer Gemeinderats beschlossen: Ottiliengasse soll die Privatstraße von Bauwerkmeister Karl Frey in Söflingen bei der Kirche Mariä Himmelfahrt heißen. Die 1904 geborene dritte Tochter ist die Namensgeberin.

Warum nur zwei Vorschläge vom Vater? Karl Frey hatte drei Töchter: Anna Maria Luise, Hedwig Johanna und Anna Ottilie Felicitas. Warum die Entscheidung des Rats für Ottilie? In unserer Region kein so geläufiger Name, wie der Kirchenarchivar Herr Geiß mich informiert. Und nicht so bekannt wie Maria? Ob der hochwürdige Rat wusste, dass Ottilie die Schutzpatronin des Elsass und die Heilige für Augenleiden ist? Wir wissen es nicht. Sämtliche Unterlagen sind im Krieg zerstört worden.

Oder gibt es doch noch Spuren? Ich suche. Die Kirchenbücher von Mariä Himmelfahrt bestätigen die Geburt der drei Töchter. Im Kirchenarchiv von Söflingen findet sich nichts weiter. Viele Telefongespräche, die zu keinem Ergebnis führen. Die Spur verliert sich. Meine Suche geht dennoch weiter – mit Erfolg. Ich treffe mich mit dem interessierten Heimatforscher Richard Gründler auf dem Söflinger Friedhof. Es gibt ein Familiengrab!

Ottilie heiratete Hans Kittelmann, einen Speditionskaufmann. Sie ist mit 95 Jahren gestorben. Jetzt helfen Ulmer Adressbücher weiter. Die letzten sieben Lebensjahre wohnte Ottilie Kittelmann im Clarissenhof in der Clarissenstraße 11, nicht weit entfernt von der Ottiliengasse.

Soweit hat sich meine Hartnäckigkeit gelohnt. Vielleicht finde ich noch andere Daten zum langen Leben der

Familiengrab auf dem Söflinger Friedhof.

Söflingerin, nach der zu Beginn des zwanzigsten Jahrhunderts eine Straße benannt wurde. Im Altenzentrum Clarissenhof stoße ich auf spärliche Angaben zu Ottilie Kittelmann. Aber es gibt einen Zeitzeugen, den Altenpfleger Horst Klenk, der Ottilie bis zu ihrem sanften Tod betreute. Die Seniorin hat ihm nie erzählt, dass sie die Namenspatronin der Ottiliengasse ist. Zwei Zeitungsartikel von 1994 zu ihrem 90. Geburtstag, wohl wenig beachtet, hatten ihr Geheimnis bereits preisgegeben.

„Die Frau Kittelmann war etwas Besonderes", sagt Horst Klenk. Von den ungefähr 300 von ihm betreuten Personen ist sie eine der wenigen, die ihm gut in Erinnerung geblieben ist, schon wegen des Namens. „Sie war ein herzensguter Mensch und gebildet." Die alte Dame saß in einem hellen Zimmer in ihrem eigenen kleinen Sessel, las in alten Büchern und löste Kreuzworträtsel. Die grauhaarige, schmale Frau mit dem ovalen Gesicht nahm kontaktfreudig am Geschehen des Stifts teil, obwohl sie eher zurückhaltend und bescheiden war. Hilfsbereitschaft zeichnete die Seniorin aus. Selbstverständlich besuchte sie ihre erkrankte Zimmergenossin täglich im Krankenhaus. „Und sie wusste sich selber immer zu helfen. Es gab

lustige Situationen", berichtet Horst Klenk schmunzelnd „und sie behielt immer die Ruhe." „ Schwarzwälder Kirschtorte liebte sie über alles", fällt dem Betreuer noch ein. Ottilie Kittelmann tauschte dafür sogar ihr Abendbrot. Die Erinnerung holt Horst Klenk ein. Er zeigt mir den Clarissenhof und erklärt mir, wie das Seniorenheim vor dem Umbau, zu Lebzeiten der Ottilie Kittelmann, ausgesehen hat.

Seit der Beerdigung, als der Sohn die Geschichte der Ottiliengasse erzählte, sind alle im Clarissenhof stolz auf ihre Ottilie und geben ihr Wissen weiter. Auch Norbert Kienke, der Leiter des Clarissenhofs, ist nicht enttäuscht, dass er in einer Straße wohnt, deren Namensgeberin eine gebürtige Söflinger Bürgerin war und nicht die heilige Ottilie.

Monika van Koolwijk

KÄTHE KOLLWITZ (1867–1945)

„Saatgut soll nicht vermahlen werden"

KÄTHE KOLLWITZ

1867	8. Juli: Käthe Kollwitz wird als 5. Kind des Maurer-meisters und Predigers Carl Schmidt und Katharina Schmidt, geb. Rupp, in Königsberg geboren. Der Großvater Julius Rupp (1809–1884) übt mit seiner freiheitlichen Gesinnung auf das Kind Käthe einen großen Einfluss aus.
1881	erster Zeichenunterricht bei einem Kupferstecher in Königsberg.
1885–1889	Studium der Malerei bei Karl Stauffer-Bern in Berlin und bei Ludwig Herterich in München.
1891	13. Juni: Heirat mit dem Arzt Karl Kollwitz, der Sozi-aldemokrat ist und in einem Berliner Arbeiterviertel praktiziert.
1892	Geburt des Sohnes Hans.
1893	Teilnahme an der Freien Kunstausstellung Berlin mit drei Werken.
1895–1898	der Zyklus *Der Weberaufstand* entsteht.
1896	Geburt des Sohnes Peter.
1899	wird der Zyklus in der Berliner *Großen Kunstausstellung* gezeigt.
1898	Aufnahme in die *Berliner Secession*.
1898–1903	Lehrerin an der Künstlerinnenschule in Berlin.
1899	Verleihung der *Kleinen Goldenen Medaille* auf der Deutschen Kunstausstellung in Dresden für die Arbeit *Ein Weberaufstand*.
1903–1908	Arbeit am Zyklus *Bauernkrieg,* dafür erhält sie den *Villa-Romana-Preis.*
1904	Käthe Kollwitz lebt ein Jahr in Paris; Arbeit in der Plastikklasse der *Akademie Julian*; Kontakt mit Augus-te Rodin und Theophile Alexandre Steinlen.
1906	das Plakat für die Ausstellung *Deutsche Heimarbeit* wird entfernt, weil eine abgearbeitete Frau dargestellt ist (Anweisung der Kaiserin Auguste Viktoria).
1914	ihr Sohn Peter fällt im Ersten Weltkrieg in Roggefelde/Niederlande.
1917	zahlreiche Ausstellungen in ganz Deutschland zu ihrem 50. Geburtstag.
1918	Käthe Kollwitz wendet sich gegen den Krieg: „Es ist genug gestorben." (Käthe Kollwitz)

In der Kunst von Käthe Kollwitz sind künstlerische und menschliche Aspekte eng miteinander verwoben. Gefühle wie Schmerz, Trauer, Freude, Wut spielen eine große Rolle bei der Entstehung ihrer Kunstwerke. Sie wollte wahrhaftig und echt sein, ungekünstelt.

Ihre Biografie zieht sich wie ein roter Faden durch ihre Werke: „Sie konnte nur gestalten, was sie als Frau erlitten und als Mensch erlebt hatte", beschreibt Catherine Kramer sie in ihrer Biografie.

Die künstlerischen Arbeiten und die Persönlichkeit von Käthe Kollwitz strahlen etwas Ganzheitliches aus. Ihre Tagebuchaufzeichnungen erzählen davon, wie sie lebte, was sie dachte, wie sie Kunst verstand, wie sie litt. Sie porträtierte sich häufig selbst. Diese Selbst-bildnisse sind grafische Darstellungen, gezeichnete grau-weiße Bilder, Schwarztöne dabei, zurückgenom-men, einzigartig. Sie zeigen ein Gesicht, das ernst und nachdenklich wirkt. War sie traurig, einsam, manchmal müde zum Zeitpunkt des Entstehens? Wir wissen es nicht. Es scheint, als würde ihre Grundstimmung sich kaum ändern.

Später erklärte sie: Sie wollte es so. Sich in ihrer Kunst und als Mensch mit den Wahrheiten des Lebens auseinandersetzen. Sie wollte nichts dekorieren, beschönigen, schmücken. Beiwerk mochte sie nicht, auch in ihrer Kleidung nicht.

Dass ihre Eltern ihr Talent früh erkannten, war ein Glück für die junge Käthe. Den ersten Zeichenunter-richt erhielt sie von den besten Königsberger Künst-lern im Alter von 13 Jahren. Ihre Lehrer entdeckten,

Käthe Kollwitz: Mutter mit Zwillingen (1927/37).
Die Skulptur steht vor dem
Käthe-Kollwitz-Museum,
Fasanenstraße 24,
Berlin-Charlottenburg
Foto: Axel Mauruszat

dass sie nicht nur gut zeichnen konnte, sondern dass sie außergewöhnlich begabt im Bereich der darstellenden Künste war. Für die junge Künstlerin war es der Start in eine erstaunliche Karriere. Es folgten einige Jahre, in denen sie in der Berliner Künstlerinnenschule studieren durfte. Ihr Lehrer Karl Stauffer-Bern machte sie darauf aufmerksam, dass ihre künstlerischen Stärken in der Grafik lagen. Sie konzentrierte sich zunächst auf diese Disziplin. Die Studienzeit in München genoss sie. Ihr gefiel das ungezwungene Leben in den Studentengruppen: „Der freie Ton der ‚Malweiber' entzückte mich, das freie mir sehr wohl gefallende Leben in München erweckte Zweifel in mir, ob ich wohl getan hätte, mich so frühzeitig durch Verlöbnis zu binden. Die freie Künstlerschaft lockte sehr."

In Berlin lernte sie Gerhart Hauptmann kennen, dessen Drama *Die Weber* sie sehr beeindruckte, ja aufwühlte, und das sie zu einem Zyklus über die bedrohliche Situation der Weber im Zeitalter der Industrialisierung in Deutschland anregte. Die Arbeit *Ein Weberaufstand* ist der Durchbruch in ihrer künstlerischen Lauf-

bahn und machte sie in Künstlerkreisen bekannt.

Mit ihrem Mann und den beiden Söhnen, Hans und Peter, erlebte sie die Schattenseiten Berlins in einem Arbeiterviertel. Dort hatte ihr Mann eine Arztpraxis. Sie war bald konfrontiert mit einem ganz anderen Dasein der Menschen, mit einer Welt, die ihr bis dahin fremd war: der Arbeiterwelt. Es entstanden zahlreiche Darstellungen von Arbeiterfamilien, die teilweise um das Überleben kämpften. Ein Bild, das das Elend einer Arbeiterfrau und ihres Kindes zeigte, wurde auf Veranlassung der Kaiserin Auguste Viktoria verboten, da es angeblich das Ansehen von Frauen missachtete. Das war ein Alarmzeichen für Käthe Kollwitz. So wurden der Kampf gegen Krieg und Unterdrückung, Armut und Elend immer wieder die Themen ihrer Werke.

Der Tod ihres 18-jährigen Sohns Peter, der in den ersten Monaten des Ersten Weltkrieges starb, warf sie völlig aus der Bahn. In ihrem Tagebuch aus dieser Zeit drückte die Mutter Käthe Kollwitz ihren Schmerz aus. Es entstand die Lithografie *Die Eltern*: Ein trauernder Vater stützt die kniende, fassungslose Mutter. Später schuf die Künstlerin aus dieser Vorlage eine Plastik von

1919	Sie ist die erste Frau, die Mitglied der *Preußischen Akademie der Künste* wird. Sie erhält einen Professorentitel.
1921–24	Arbeiten für die *Internationale Arbeiterhilfe*; Plakate wie *Nie wieder Krieg* und *Nieder mit dem Abtreibungsparagraphen* entstehen.
1922/23	Arbeit an der Holzschnittfolge *Krieg*.
1929	Ausstellung im Kupferstichkabinett in Basel; Verleihung des Ordens *Pour le Mérite*.
1932	Aufstellung des Mahnmals *Die Eltern* für den gefallenen Sohn Peter in Roggefelde/Niederlande.
1933	Käthe Kollwitz wird gezwungen, die Akademie der Künste zu verlassen; Amtsenthebung von der Leitung der Meisterklasse für Grafik in Berlin.
1934–35	letzter Zyklus *Vom Tode* entsteht.
1940	9. Juli: Tod des Ehemannes
1942	22. September: Enkel Peter fällt in Russland; Werk *Saatfrüchte sollen nicht vermahlen werden*.
1943	ihre Berliner Wohnung wird durch Bomben zerstört; Käthe Kollwitz zieht zur Bildhauerin Margret Böning.
1944	Umsiedelung nach Moritzburg bei Dresden.
1945	22. April: Käthe Kollwitz stirbt in Moritzburg; die Urne der Künstlerin wird auf dem Zentralfriedhof Berlin-Friedrichsfelde beigesetzt.

großer Ausdruckskraft. Sie wurde zum Gedenken und als Mahnmal in Roggefelde/Niederlande aufgestellt. Dort fiel ihr Sohn.

Käthe Kollwitz war die erste Künstlerin, die sich mit sozialkritischen Themen auseinandersetzte und ihre Überzeugung in ihren Werken darstellte.

Jutta Gotthardt

Neu-Ulm Schwaighofen

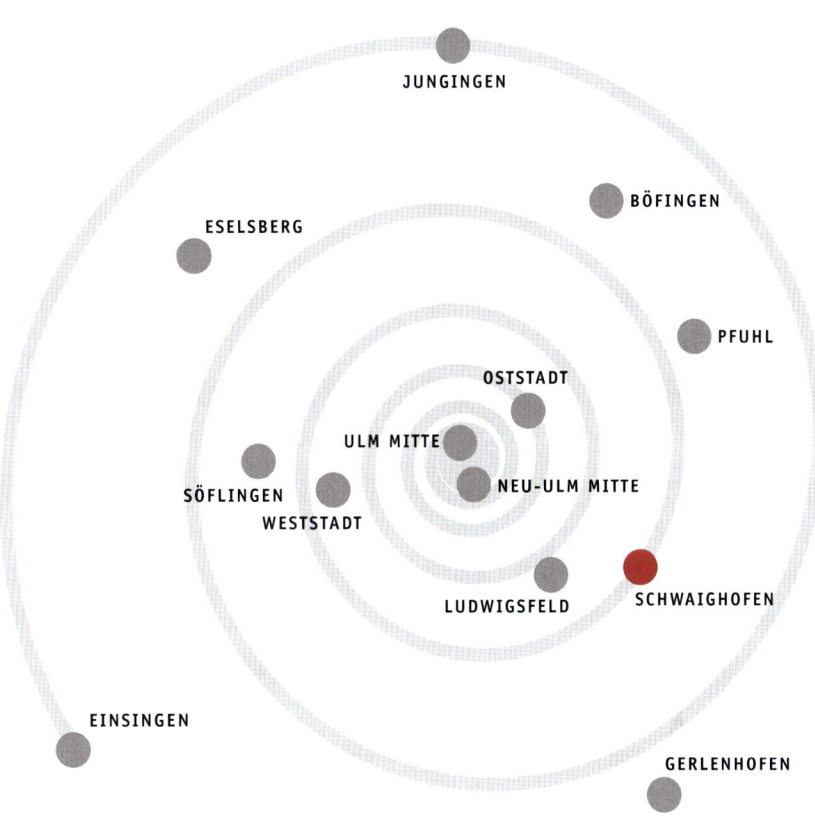

JUNGINGEN

BÖFINGEN

ESELSBERG

PFUHL

OSTSTADT

ULM MITTE

NEU-ULM MITTE

SÖFLINGEN

WESTSTADT

LUDWIGSFELD

SCHWAIGHOFEN

EINSINGEN

GERLENHOFEN

Mat

EMMY NOETHER (1882–1935)

„… abstrakt gefasst und dadurch für ihr Geistesauge durchsichtig gemacht …"

EMMY NOETHER

1882	23. März, Geburt von Amalie Emmy Noether in Erlangen.
	Vater: Max Noether (1844–1921), bekannter Mathematiker an der Universität Erlangen.
	Mutter: Ida, geb. Kaufmann (1852–1915).
	Beide Eltern stammen aus wohlhabenden jüdischen Familien, von deren Geld Emmy in späteren Jahren zehrt.
	Drei Brüder werden 1883, 1884 (Fritz) und 1889 geboren.
1889–1897	Besuch der Höheren Töchterschule.
1900	Staatsprüfung für Lehrerinnen in Englisch und Französisch. Anschließend selbstständige Abitur-Vorbereitung, Gasthörerin an der Universität Erlangen.
1903	Juli: Reifeprüfung als Externe am Real-Gymnasium für Jungen in Nürnberg.
1903/04	WS: Beginn des Mathematik-Studiums in Göttingen, als Gasthörerin. Studienabbruch wegen Krankheit.
1904/05	WS: Immatrikulation als reguläre Mathematik-Studentin in Erlangen.
1907	Promotion in Erlangen bei Paul Gordan (1837–1912) mit *summa cum laude*.
	An der Universität Erlangen tätig – ohne Vergütung.
1911	Ernst Fischer (1875–1954) wird Nachfolger von Paul Gordan. Aufgrund seiner Anregungen beschäftigt sich Emmy Noether mit moderner Mathematik.
1913	Aufenthalt mit ihrem Vater bei Felix Klein in Göttingen: Zu dritt erstellen sie einen Nachruf auf Paul Gordan.
1915	Übersiedlung von Erlangen nach Göttingen. Dort wesentlicher Beitrag zur mathematischen Bearbeitung der Relativitätstheorie Einsteins.
	Erster Antrag auf Habilitation, Ablehnung 1917: Habilitation für Frauen nicht gestattet.
ab 1916	David Hilbert ermöglicht ihr eine inoffizielle Lehrtätigkeit.
1918	Dez.: neuer Habilitationsantrag (Frauen sind jetzt wahlberechtigt).

Während ihres Mathematik-Studiums in Göttingen begegneten Cordula Tollmien die Begriffe Noether´sche Ringe und Noether-Theorem. Erst Jahre später erfuhr sie, dass sie auf Emmy Noether zurückgehen, eine international herausragende Göttinger Mathematikerin, die auch Jüdin, überzeugte Pazifistin und Anhängerin der SPD war. Sie musste Deutschland 1933 verlassen und geriet in ihrer Heimat weitgehend in Vergessenheit. Seit 1990 macht Cordula Tollmien Emmy Noethers Leben und Werk bekannt. 1996 benannte Neu-Ulm eine Straße nach ihr, auf Vorschlag der Stadträtin Rzehak-Wartha. Im Internet ist ihr Name auffallend präsent. Projekte des Emmy-Noether-Programms, mit dem die Deutsche Forschungsgemeinschaft (DFG) seit 1999 junge Wissenschaftler und Wissenschaftlerinnen fördert, stellen sich hier vor.

Emmy Noether gewann einen großen Einfluss auf das mathematische Denken ihrer Zeitgenossen und konnte schließlich auch Skeptiker von ihren Ideen und Methoden überzeugen. Denn sie war nicht nur die Theoretikerin, die der *Abstrakten Algebra* entscheidende Impulse verlieh. Es gelang ihr auch, „warme persönliche Kontakte zu ihren Kollegen und Schülern aufzubauen, derart, dass ihre Anregungen ernst genommen und weiter verfolgt wurden", wie Peter Roquette schreibt. „Mathematik reden" nannte sie das – auf dem Heimweg von der Vorlesung, auf Spaziergängen bei jedem Wetter, in ihrer kleinen, aber gemütlichen Wohnung oder im Briefwechsel. Dabei ließ sie ihre Kollegen und Schüler ganz selbstverständlich an ihren Ideen teilhaben. Zu ihren Schülern zählten nicht nur fortgeschrittene Studenten und Doktoranden,

Emmy Noether mit ihren drei
Brüdern Robert, Fritz und Alfred
(v.l.n.r),

Emmy Noether auf dem Göttinger
Bahnhof im Oktober 1933 vor
ihrer Emigration in die USA

sondern zunehmend auch fertige, junge
Mathematiker, die aus allen Teilen der
Welt nach Göttingen kamen, wo sie ihre
Art „Mathematik zu denken" kennenlern-
ten. Für diese Noether-Buben, wie sie in
Göttingen hießen, setzte sie sich mit
großem Engagement fachlich und per-
sönlich ein. Verehrung und Dankbarkeit
sprechen aus schriftlichen Überliefe-
rungen ihrer Schüler und der wenigen
Schülerinnen.

Immer wieder wird auf die Diskre-
panz zwischen ihrem wissenschaftlichen
Erfolg und ihrer bescheidenen Stellung
an der Universität hingewiesen. So war
es Hermann Weyl peinlich, als er 1930
als Ordinarius nach Göttingen kam,
neben ihr eine so herausgehobene Position zu bekleiden, obwohl sie ihm als
Mathematikerin in einigen Bereichen weit
überlegen war, wie er später schrieb. Doch
auch sein Versuch blieb erfolglos.

Wie konnte es Emmy Noether als Frau zu Beginn des
20. Jahrhunderts gelingen, an ihre mathematischen Fähigkeiten zu glauben und sich völlig ungezwungen in der
Männerwelt der Mathematik zu bewegen? Schon im Elternhaus erfuhr sie eine Prägung in männlicher Umgebung,
als einziges Mädchen unter drei jüngeren Brüdern und als
Tochter eines umsichtigen Mathematikprofessors. Dieser
erkannte wohl früh ihre Begabung, denn sie erhielt schon

vor dem Studium privaten Mathemati-
kunterricht. Über ihre Mutter ist leider
kaum etwas bekannt. Während des Studiums in ihrer Heimatstadt war sie zwar
die einzige Studentin, aber wahrscheinlich gut aufgehoben. Denn sie hörte
unter anderem Vorlesungen bei ihrem
Vater und besuchte diese in Gesellschaft
ihres Bruders Fritz. Ein zweiter Bruder
studierte zur gleichen Zeit Chemie in
Erlangen. So ist es vorstellbar, dass sie
Anschluss an den Freundeskreis ihrer
Brüder fand. Vermutlich hatte sie sich
mit Fritz schon gemeinsam auf die Abi-
turprüfung vorbereitet und beide hielten
nach dem Studium ihren ersten Vortrag
auf der gleichen Jahrestagung der Deutschen Mathematikervereinigung. Nach
ihrer Promotion blieb Emmy zunächst
in Erlangen. In dieser Zeit arbeitete
sie sich in die aktuelle mathematische
Literatur ein und ihr Vater überließ
ihr anspruchsvolle Aufgaben in Lehre und Forschung. So
konnte sie ungestört ihre Fähigkeiten entwickeln. Dann
führte er sie in Göttingen ein, der damaligen Hochburg
der Mathematik, wo Felix Klein und David Hilbert lehrten.
Doch Emmy selbst war es, die sie von ihren überdurch-
schnittlichen Fähigkeiten überzeugen konnte. Die anre-
gende Umgebung in Göttingen wusste sie anschließend zu
nutzen, um sich zur Hochform weiterzuentwickeln.

1919	Juni: Privatdozentin, d.h. offizielle Berechtigung zur Lehre und Doktoranden-Betreuung.
1920/1921	Zwei bahnbrechende Publikationen zur *Modernen Algebra*.
1922	Titel ohne Vergütung: *Nichtbeamteter außerordentlicher Professor*.
ab 1923	Bescheiden vergüteter Lehrauftrag, muss für jedes Semester neu beantragt werden.
1928/29	Einjährige Gastprofessur in Moskau.
1930	Gastprofessur in Frankfurt/Main.
1932	Höhepunkt ihrer wissenschaftlichen Anerkennung: Hält eines der Hauptreferate auf dem *Int. Mathematiker-Kongress* in Zürich und erhält einen renommierten Preis für ihr wissenschaftliches Werk.
1933	April: Beurlaubung aufgrund des *Gesetzes zur Wiederherstellung des Berufsbeamtentums*.
	Okt.: Emigration an das Frauencollege Bryn Mawr (USA), befristete Gastprofessur.
ab 1934	Febr.: Gibt wöchentliches Seminar am *Institute for Advanced Study* im benachbarten Princeton, wo sie zahlreiche Kollegen aus Deutschland, auch aus Göttingen, trifft.
1934	Endgültige Auflösung ihrer Göttinger Wohnung.
1935	14. April: Tod von Emmy Noether, vier Tage nach einer Tumor-Operation.
1935	4. Mai: Nachruf in der New York Times und später in internationalen Fachzeitschriften, sogar im nationalsozialistischen Deutschland.

Über die ungerechte Behandlung beklagte sie sich nie und nahm sie eher mit Humor. In den USA registrierte sie aber doch, dass ihr hier eine Wertschätzung entgegengebracht wurde, wie sie dies zuvor nie erfahren hatte. Dennoch sehnte sie sich nach der einmaligen Atmosphäre in Göttingen zurück, wo sie in ihrer Muttersprache inmitten der renommierten Fachkollegen und ihrer interessierten Schüler hatte wirken können. Übrigens durfte Emmy Noether nur an einem Frauencollege unterrichten, weil damals auch in den USA reguläre Stellen für Frauen an den *richtigen* Universitäten nahezu unerreichbar waren.

Leider ist über ihr Privatleben fast nichts bekannt, weil ihr privater Nachlass komplett verloren ging.

Uta Wittich

Grabplatte im Kreuzgang der Great Hall des Bryn Mawr Colleges

Neu-Ulm Pfuhl

JUNGINGEN

BÖFINGEN

ESELSBERG

PFUHL

OSTSTADT

ULM MITTE

NEU-ULM MITTE

SÖFLINGEN

WESTSTADT

LUDWIGSFELD

SCHWAIGHOFEN

EINSINGEN

GERLENHOFEN

Ven

AFRA, EINE FRÜHCHRISTLICHE MÄRTYRERIN (UM 304)

Die bekehrte Dirne

**AFRA,
EINE FRÜHCHRISTLICHE MÄRTYRERIN**

304	Tod der Afra von Augsburg auf dem Scheiterhaufen.
284/285–305	Regentschaft des römischen Kaisers Diokletian.
um 575	St. Afra im Felde, 1 Kilometer vor den Toren Augsburgs, wird als Wallfahrtsort von Venantius Fortunatus besungen.
um 530– nach 600	Venantius Fortunatus, letzter lateinischer Dichter des Altertums, Schilderung einer Moselreise von Metz nach Andernach in Versform.
um 600	Martyrologium Hieronymianum, chronologisches Verzeichnis von Märtyrern vollendet.
973	Tod des heiligen Ulrichs. Er wurde in der Augsburger Kirche St. Afra beerdigt, die er 955 wieder aufbauen ließ. Seither gibt es die St. Ulrich und Afra-Kirche.
1064	Heiligsprechung der Afra. Anlass war das Auffinden eines römischen Steinsarkophags mit Resten eines weiblichen Skeletts.
1804/05	1500-Jahrfeier des Martyriums. Die Gebeine wurden in einen grauen Marmorsarg umgebettet.
1960/61	Neugestaltung der Krypta im Ulrich Münster als stiller Gedenkort für die Afra.
07.08.	Gedenktag

Afra ist die Schutzheilige der reuigen Sünderinnen, später dann auch der Feuersnot. Dargestellt wird die Heilige meist mit der Märtyrerpalme auf einem brennenden Holzstoß stehend an einen Pfahl gebunden. Im Ulmer Münster hat sie ein Seil in der Hand.

Eine junge, liebliche Afra schaut von oben aus dem Chorgestühl des Ulmer Münsters auf uns herab. Sie fällt auf in der Reihe der heiligen Frauen: offenherzig gekleidet, ein Tuch leger um die Schultern gelegt, langes, offenes, gewelltes Haar, ein gedrehtes Seilende in der Hand.

Diese wunderschöne Reliefbüste der Afra soll den überlieferten Lebenswandel der Heiligen andeuten. Afra könnte als die *schwäbische Magdalena* gelten, denn die Bekehrung einer Dirne ist das Magdalenenmotiv.

Der merowingische Dichter und spätere Bischof von Poitiers, Venantius Fortunatus besingt in seinem Reiseepos, seiner Schilderung einer Moselfahrt, das Grab und die Kirche St. Afra, in der die Gebeine der Heiligen verehrt werden.

In einer der ältesten Handschriften, der *Martyrologium Hieronymianum* finden wir Afra mit der Berufsbezeichnung Veneria, Venusdienerin.

Die Legende zur Heiligen sagt: Afra träumte, sie solle nach Augusta Vindelicum (Augsburg) gehen. Mit ihrer Mutter und drei Gespielinnen zog sie in die Provinzhauptstadt und betrieb ein Freudenhaus wie bisher in Rom. Der vor der Christenverfolgung flüchtende Bischof Narcissus fragte versehentlich in dem Dirnenhaus nach einer Unterkunft. Afra war von seinem Tischgebet so beeindruckt, dass sie bat, in die christliche Gemeinschaft aufgenommen zu werden. Der Geistliche unterwies sie im Glauben. Die fünf Frauen beteten und fasteten. Nach sieben Tagen wurden sie getauft und gaben ihr öffentliches Sündenleben auf. Verärgerte, enttäuschte Augsburger Freier zeigten Afra an, die zum verbotenen Christentum bekehrte Lie-

Die heilige Afra im Chorgestühl des Ulmer Münsters

besdienerin. Sie kam vor den Richter Gajus, sollte den römischen Göttern opfern, weigerte sich aber standhaft und verteidigte ihren neuen Glauben. Die bekannte Dirne wurde zum Tode verurteilt und erlitt den Märtyrertod auf dem Scheiterhaufen. Auf einer Flussinsel im Lech, mit einem Seil an eine Säule oder an einen Baum gefesselt, starb sie klaglos in den Flammen. Der Leichnam blieb unversehrt.

Der König von Zypern und seine Frau Hilaria könnten die Eltern der Afra gewesen sein, denn Mutter und Tochter flohen nach dem Mord an dem Herrscher nach Rom, wo die schöne Zypriotin ein Bordell eröffnete und das heranwachsende Mädchen der Liebesgöttin Venus weihte.

Eine ältere Überlieferung spricht von einer anderen Afra, der Afra von Brescia, Dienerin der Göttin Venus. Sie nahm den christlichen Glauben an, wurde vom Bischoff Apollonius getauft und veränderte von da an ihr Leben. Bei der Christenverfolgung unter Hadrian erlitt sie 133 den Märtyrertod. In Italien wird sie als *antiochenische Märtyrerin* verehrt.

Afra war eine frühchristliche Märtyrerin, ein unschuldiges Opfer, das durch die Macht eines Tyrannen für ihren Glauben starb. Solche Berichte gab es im frühen Christentum häufig. Sie haben sich wohlmöglich in der jungen Afra verdichtet und wurden durch die Jahrhunderte weiterverbreitet. Die Märtyrerin war im heutigen Bayern eine sehr bekannte Heilige. Kulturhistoriker nehmen an, dass es sich bei den legendären heiligen Afra von Brescia und Afra von Augsburg um dieselbe Person handelt. Gesicherte Daten gibt es keine. Umso mehr können wir uns freuen, dass die heilige Afra jung, schön und so lebendig im Ulmer Münster verewigt ist.

Monika van Koolwijk

Phi

EDITH STEIN (1891–1942)

Jüdin – Philosophin – Nonne

EDITH STEIN

1891	am 12. Oktober als elftes Kind einer Kaufmannsfamilie in Breslau geboren.
1897–1911	Höhere Mädchenschule, Realgymnasium in Breslau
1911–1913	Universität Breslau: Germanistik, Geschichte, Philosophie, Psychologie
1913–1915	Universität Göttingen: Germanistik und Philosophie, Geschichte Mitglied im preußischen Verein für Frauenstimmrecht
1915	Staatsexamen als Lehrerin in Philosophischer Propädeutik, Geschichte, Deutsch
1916	Rotkreuzhelferin im Seuchenlazarett
	Lehrerin in Breslau, Promotion *summa cum laude*
1916–1918	wissenschaftliche Assistentin bei Professor Edmund Husserl, Phänomenologe
1919	Ihre Bewerbung um Habilitation in Göttingen wurde abgelehnt. Eingabe Edith Steins an das preußische Wissenschaftsministerium, wonach in der Zugehörigkeit zum weiblichen Geschlecht kein Hindernis für die Habilitierung gesehen werden darf.
1920	Zustimmung des Ministeriums
1922	1. Januar: Taufe, katholische Kirche
1922–1932	Lehrerin in Speyer, Rednerin bei pädagogischen Studientagen
1930/31	Habilitationsversuche in Freiburg, Breslau, Kiel scheitern
1932	Dozentin für wissenschaftliche Pädagogik in Münster, Übersetzung der *Untersuchungen über die Wahrheit* von Thomas von Aquin
1933	Erlass des Arierparagrafen: keine Juden im öffentlichen Dienst
	Eintritt in den Orden der Karmelitinnen.
1935/36	philosophisches Hauptwerk *Endliches und ewiges Sein*
1938	Übersiedlung in den niederländischen Karmel Echt. Ihre Schwester Rosa kommt über Belgien nach Echt.
1942	Edith und Rosa werden nach Auschwitz deportiert und dort vergast.
1987	Seligsprechung in Köln
1991	Katholische Universität Eichstätt im Altmühltal würdigt Edith Steins wissenschaftliche Arbeit.
1998	Heiligsprechung in Rom
2000	Beginn der Gesamtausgabe der Werke Edith Steins

„ ... aber im Dienst eines Menschen zu stehen, kurz gesagt, gehorchen kann ich nicht ...“ Das sagt Edith Stein, die wissenschaftliche Assistentin Edmund Husserls, bei dem sie *summa cum laude* promovierte. Sie sieht sich auf dem Weg in eine akademische Laufbahn. Edmund Husserl bietet seiner brillanten Schülerin nicht an, sich bei ihm zu habilitieren. Er schreibt ihr eine Empfehlung für Göttingen. Edith Stein wird jedoch nicht zugelassen. Husserl, später befragt, gesteht, dass die Aufgabe der Frau im Grunde doch das Heim, die Ehe sei. Es wird vermutet, dass nicht nur das Geschlecht, sondern auch Ediths jüdische Herkunft bei der Ablehnung eine Rolle spielte.

Ein Foto Edith Steins zeigt eine ernst blickende Frau um die vierzig. Ihr dunkles, in der Mitte gescheiteltes Haar liegt glatt um das ovale Gesicht mit den großen Augen. Der Mund ist geschlossen über einem Kinn mit Grübchen. Sie trägt eine helle Bluse. Am Halsausschnitt steckt eine Brosche.

In ihren Schriften reflektiert Edith ihren eigenen philosophisch-intellektuellen Kampf um den Glauben. Als Jugendliche hatte sie sich bewusst gegen ihre Religion entschieden, nun legt sie alle intellektuellen Zweifel ab. Sie konvertiert zur katholischen Kirche und lässt sich taufen.

Nach Lehrtätigkeiten in Speyer und Münster und nach Vorträgen zur weiblichen Emanzipation versucht Edith noch einmal, sich an einer Universität zu habilitieren. Ohne Erfolg.

Edith Stein sieht den Augenblick gekommen, in den Kölner Orden der Karmelitinnen einzutreten. Für ihre

Familie, besonders für die Mutter, ist diese Entscheidung schwer zu begreifen. Edith erhält einen neuen Namen: Teresia Benedicta a Cruce. Die Ordensregeln, denen sie sich unterwerfen muss, sind streng. Sie darf aber weiter wissenschaftlich arbeiten. Edith Stein bleibt Philosophin. Es entsteht ihr Hauptwerk *Endliches und ewiges Sein*. Das Manuskript kann nicht veröffentlicht werden.

Die politischen Verhältnisse zwingen Edith bei Nacht und Nebel in das Kloster Echt in Holland zu fliehen. Ihre Schwester Rosa kommt über Belgien nach Echt. Doch die Deutschen besetzen auch Holland, und es wird für die beiden Frauen wieder gefährlich. Bemühungen um eine Ausreisegenehmigung in die Schweiz schlagen fehl.

Als die geheime Staatspolizei an der Klosterpforte erscheint, nimmt Edith ihre Schwester bei der Hand und sagt: „Komm, wir gehen für unser Volk."

Edith und Rosa werden am 7. August 1942 in einem Gefangenenwagen abtransportiert. Von Westerbrok aus kommen die Schwestern zusammen mit tausenden Juden in das Konzentrationslager Auschwitz und werden zwei Tage später in der Gaskammer ermordet.

Erdmute Dietmann-Beckert

Edith-Stein Denkmal am Maria-Ablass-Platz in Köln

Das Bronzedenkmal von 1999 zeigt Edith Stein in ihren drei Lebensphasen: Sitzend als junges Mädchen mit einem Davidsstern, stehend als junge Philosophin mit gespaltener Persönlichkeit (vom Künstler Bert Gerresheim dargestellt, indem die Figur vertikal zerschnitten und einige Zentimeter versetzt wieder zusammengefügt ist) und als Karmelitin, den Gekreuzigten in den Händen. Auf dem Sockel des Denkmals befinden sich Fußabdrücke unterschiedlicher Art und Größe, die zu einem Haufen Schuhe führen. Er wird getragen von zwei Gesetzestafeln, auf denen die 10 Gebote stehen. Die Fußabdrücke symbolisieren den Weg vieler KZ-Häftlinge zu den Gaskammern und der Schuhhaufen für ihre Ermordung.

Böfingen

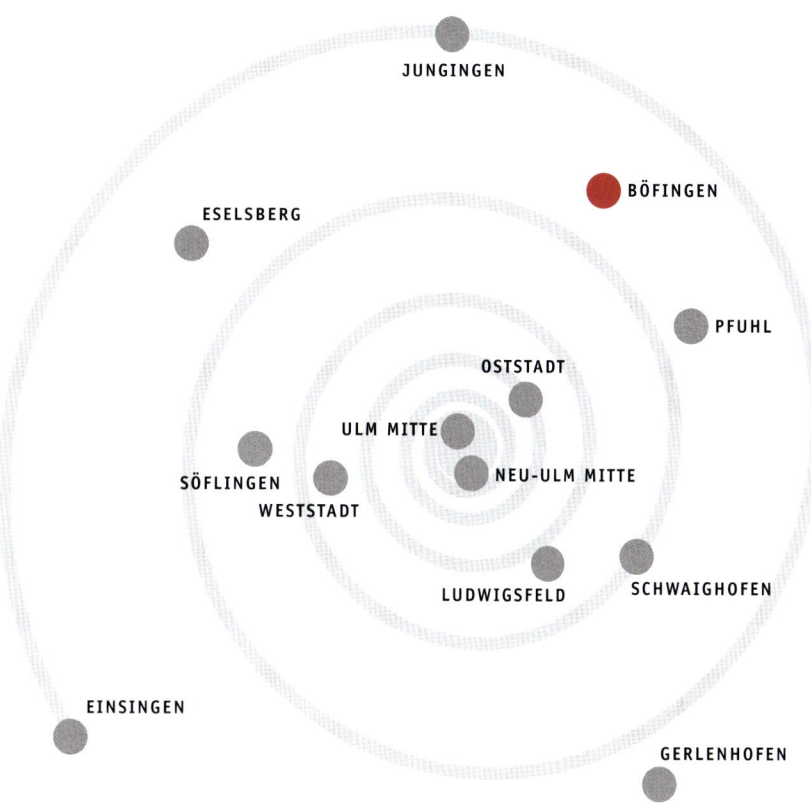

JUNGINGEN

BÖFINGEN

ESELSBERG

PFUHL

OSTSTADT

ULM MITTE

SÖFLINGEN

NEU-ULM MITTE

WESTSTADT

SCHWAIGHOFEN

LUDWIGSFELD

EINSINGEN

GERLENHOFEN

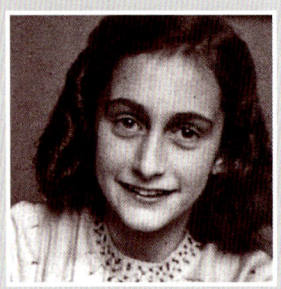

ANNE FRANK

1929	am 12. Juni in Frankfurt am Main geboren.
1933	Deutschland im Januar: Adolf Hitler an der Macht.
1933	Juli: Familie Frank wandert aus, lebt in Amsterdam.
1934	Anne im Montessori-Kindergarten.
1939	Kriegsausbruch in Deutschland.
1940	deutscher Überfall auf die Niederlande.
1941	Anne in der jüdischen Schule in Amsterdam.
1942	12. Juni: ein Tagebuch als Geburtstagsgeschenk der Eltern. Es wird zu einem wichtigen Dokument, das die Situation der Juden in der Verbannung widerspiegelt.
	Juli: Familie Frank versteckt sich mit Freunden im Hinterhaus des Geschäftsgebäudes in der Prinsengracht.
1944	am 4. August verraten, im September wird die ganze Familie nach Auschwitz deportiert. Die Mutter stirbt, der Vater überlebt.
1945	im März werden Anne und ihre Schwester Margot nach Bergen-Belsen verschickt, wo sie vor Erschöpfung sterben, was einer Ermordung gleichkommt.

Vor dem Hinterhaus in Amsterdam, in dem sich Anne mit den Eltern und Freunden versteckt hielt, steht eine Kastanie, die Anne in ihrem Tagebuch mehrfach erwähnt.

Im November 2006 erschien in der Presse der Artikel *Abschied von Annes Baum*. Die 150-jährige Kastanie sollte gefällt werden. Dagegen gab es Proteste. Im April 2008 wird eine Stützkonstruktion um den Baum gebaut (SWP 8/4/08). Er soll für weitere 10 bis 15 Jahre erhalten werden.

ANNE FRANK (1929–1945)

Annes Baum

Mein Platz ist unmittelbar vor einem Hinterhaus an der Prinsengracht. Bei Sonnenschein spiegeln sich meine Äste in den Fensterscheiben. Seit einiger Zeit kann ich nicht mehr in das Innere der Lagerräume schauen. Die Fenster sind verhüllt. Über mir dröhnen fremde Flugzeuge und unter mir reden die Menschen von Krieg. Die Stadt liegt im Dunkeln.

Habe ich richtig gesehen? An einem der oberen Fenster hat sich ein Vorhang bewegt. In dem schmalen Spalt erkenne ich ein Gesicht. Es ist ein Mädchengesicht, das ängstlich zu mir schaut. Nur einen Augenblick lang, dann ist es verschwunden. Jetzt hoffe ich täglich, dass es sich noch einmal zeigt.

Mitten in meinen Gedanken höre ich ein helle Stimme flüstern: „Hallo Baum, ich heiße Anne. Du bist für mich ein Stück Freiheit." Am Fenster sehe ich Anne, schmal und blass, mit dunklen Augen. Das braune Haar reicht ihr bis auf die Schultern. „Du bist mein Freund. Es ist so schön, wenn sich in den Tautropfen das Grün deiner Blätter widerspiegelt und der Wind deine Zweige bewegt. Ich atme die frische Luft, schaue in den blauen Himmel und werde froh", flüstert sie. Ihre Stimme wird noch leiser: „Niemand darf wissen, dass ich hier bin." Anne schließt das Fenster.

Der Winter ist vorbei. Bald wird es wieder Frühling. Anne ist am Fenster: „Baum, mein Freund, ich muss dich wiedersehen. Ich lebe hier schon viele Monate mit meinen Eltern, meiner Schwester Margot und einer befreundeten Familie. Sie haben einen Sohn, Peter. Wir sind Juden, deshalb müssen wir uns verstecken. Auch hier in Holland

Die Kastanie vor Annes Versteck in Amsterdam.

werden die Juden verfolgt. Ich warte so sehr auf den Tag, an dem du dich wieder mit deinen weißen Blütenkerzen schmückst. Ich stelle mir vor, dass wir dann wieder frei sind. Und dann werde ich deine Rinde berühren und deinen Stamm umarmen." Anne ist nicht allein. Der Junge steht neben ihr. Er hat seinen Arm um ihre Schultern gelegt. Sie lächeln und winken mir zu. Ich freue mich mit ihnen und wünsche ihnen viel Glück.

Es ist schwül geworden. Die Nacht war beängstigend.

Ich höre ein Auto. Es hält. Harte Stiefelschritte dröhnen auf dem Pflaster und verstummen vor dem Haus. Die Stimmen klingen fremd.

Im hellen Sonnenschein sehe ich, was geschehen ist. Die Vorhänge sind weg, die Fenster weit aufgerissen. Anne ist nicht zu sehen. Niemand. Wie vom Schrecken erstarrte Augen erscheinen mir die offenen Fenster.

Erdmute Dietmann-Beckert

ELSA BRANDSTRÖM

(Name eingedeutscht, schwedisch Elsa Brändström)

1888	am 26. März wurde sie in St. Petersburg (Russland) geboren; Eltern: Edvard Brändström, Militärattachee der schwedischen Gesandtschaft, und Anna Eschelsson.
1891	Rückkehr nach Schweden.
1906–1908	Ausbildung zur Lehrerin in Stockholm.
1908–1913	in St. Petersburg Haustochter und Gesellschafterin im elterlichen Diplomatenhaushalt wegen Krankheit und Tod der Mutter 1913.
1914–1918	Erster Weltkrieg: Ausbildung zur Krankenschwester und freiwilliger Einsatz als schwedische Rotkreuzschwester in einem der St. Petersburger Soldatenhospitäler. Betreuung von Transporten mit deutschen Kriegsgefangenen ins sibirische Kriegsgefangenenlager. Sammlungen von Geld und Hilfsgütern für Kriegsgefangene. Rückführung von Kriegsinvaliden aus Russland nach Deutschland. Erkrankung an Flecktyphus.
1920	Rückkehr nach Schweden und Fortsetzung der Arbeiten für Kriegsgefangene. Antrag auf Entlassung der Kriegsgefangenen aus den Lagern in Sibirien. Veröffentlichung ihres Buches *Unter Kriegsgefangenen in Russland und Sibirien 1914–1920.*
1921	Tod des Vaters und Rückkehr nach Deutschland. Gründung zahlreicher Einrichtungen zum Wohl von Kriegsgefangenen und ihrer Familien.
1923	reiste Elsa Brandström durch die USA und forderte zur Gründung von Hilfsorganisationen und Sanatorien auf.
1929	Heirat mit Dr. Robert Ulich, Ministerialrat und Professor für Pädagogik an der Hochschule in Dresden.
1932	Geburt der Tochter Brita.
1933	Konflikte mit der nationalsozialistischen Regierung in Deutschland. Auswanderung in die USA und Erwerb der amerikanischen Staatsbürgerschaft. Robert Ulich erhielt eine Professur an der Harvard University Cambridge. Hilfsaktivitäten für andere, insbesondere jüdische Flüchtlinge. Sie sorgte für die Beschaffung von Affidavits für jüdische Auswanderer.
1948	Tod Elsa Brandströms in Cambridge.

ELSA BRANDSTRÖM (1888–1948)

Engel der Gefangenen

Ältere erinnern sich vermutlich noch mit großem Unbehagen an das riesige Kriegsgefangenenlager, das die amerikanische Besatzung 1945 auf der Neu-Ulmer Markung einrichtete und streng bewachte. Nicht wenige der unzähligen, eingesperrten jungen Leute von damals denken vielleicht heute noch dankbar an jene freundlichen Frauen, die den Mut aufbrachten, verstohlen ein Päckchen über den Stacheldrahtzaun zu werfen. Auch wenn nur ein Stück Brot, eine kalte Kartoffel oder ein paar Zigaretten darin enthalten waren, so war es doch ein Zeichen der Anteilnahme und der Hoffnung. Elsa Brandström, die schwedische Rotkreuzschwester, konnte in vielen Fällen ebenfalls nichts anderes verteilen und doch rühmten die verelendeten Internierten des Ersten Weltkriegs dankbar: „Du bist unser Engel von Sibirien!"

Es ist eine gute Tat, eine Straße von Neu-Ulm dem Engel aller Gefangenen und somit der Menschlichkeit zu widmen.

Elsa Brandström war Tochter des schwedischen Gesandten in St. Petersburg. Sie folgte zusammen mit vielen anderen bei Ausbruch des Ersten Weltkriegs dem Ruf des Roten Kreuzes. Als ausgebildete Krankenschwester arbeitete sie nach Kriegsende als freiwillige Krankenpflegerin in einem Petersburger Soldatenhospital für russische Kriegsverletzte. Auch verletzte deutsche Kriegsgefangene befanden sich kurzfristig in ihrer Pflege. Plötzlich, von einem Tag auf den anderen, schaffte man diese unglücklichen Männer in der Eiseskälte, ohne Rücksicht auf ihren Gesundheitszustand, Schub um Schub auf offene Güterwagen. Bis die

Wagen aufgefüllt und zu einem langen Zug zusammengestellt waren, vergingen Tage und Nächte ohne Schutz und Versorgung für die Männer. Das konnte Elsa Brandström nicht mit ansehen. Rasch sammelte sie von überallher Decken, Materialien, Verbandszeug, Nahrung und was sie sonst in der Eile zusammentragen konnte und lud alles in die offenen Güterwagen. Als die Lokomotive endlich unter Dampf stand und der Zug zur Abfahrt bereit war, sprang Elsa Brandström selbst mit hinein und verteilte, wo die Not am größten war, verband die schlimmsten Wunden, tröstete und spendete Hoffnung ohne Pause. Vierzehn Tage war der Zug unterwegs, ehe er am Zielort mitten in Sibirien eintraf. Ohne Ermüdungserscheinungen zu zeigen, organisierte sie tatkräftig und geschickt die Wiederherstellung der heruntergekommenen Lager und verwandelte sie in kurzer Zeit in menschenwürdigere, beheizte und vor allem saubere Unterkünfte. Darüber hinaus sorgte sie sich um die Niedergeschlagenen und Hoffnungslosen und spendete ihnen dank ihrer Unbeirrbarkeit und Tapferkeit neuen Lebensmut. Aus ihrer Dankbarkeit heraus bezeichneten die Männer Schwester Elsa als ihren „Engel der Gefangenen". Dieser barmherzige Engel betreute auch die deutschen Kriegsinvaliden, die gegen russische ausgetauscht wurden und sich in vom Roten Kreuz organisierten Transporten auf dem Weg in die Heimat befanden. Solche Betreuungsaufgaben waren keinesfalls ungefährlich. Bolschewistische Kommissare verdächtigten Elsa Brandström ein paar Mal der Spionage. Die Selbstverteidigung war äußerst problematisch. Letztlich verdankte sie nur dem Zufall ihr Leben. Der stark ansteckende Flecktyphus, der im Lager grassierte, hatte schließlich auch die Helferinnen infiziert. An eine gründliche Erholung war nicht zu denken. Noch lange litt Elsa Brandström an den Folgen dieser Krankheit, aber sie gab trotzdem nicht auf.

Nach Ende des Ersten Weltkrieges bereiste Elsa Brandström unermüdlich europäische und amerikanische Länder und organisierte zahlreiche Einrichtungen zum Wohl der Kriegsgefangenen und ihrer Familien. Die nationalsozialistische deutsche Regierung, die ab 1933 ans Ruder kam, versuchte sie für ihre Ziele zu einzusetzen. Elsa Brandström verweigerte dies energisch und wanderte umgehend mit ihrer Familie in die Vereinigten Staaten von Amerika aus. Auch dort arbeitete sie unausgesetzt an der Realisierung ihrer Vorstellungen und blieb ihrem bisher gelebten sozialen Engagement treu. Ab 1939 gab es abermals Krieg auf der Welt, wieder Kriegsnöte, Kriegskinder, Kriegsgefangene und damit Arbeit in Hülle und Fülle für Elsa Brandström und ihre Organisationen. Einsätze dieser Art sind bedauerlicherweise bis zum heutigen Tage unentbehrlich.

Zahlreiche Schulen, Kinderheime, Versehrtenhäuser, Waisenhäuser und Straßen tragen Elsa Brandströms Namen und ehren ihr Andenken.

Ursula Bischoff

Ulm Eselsberg

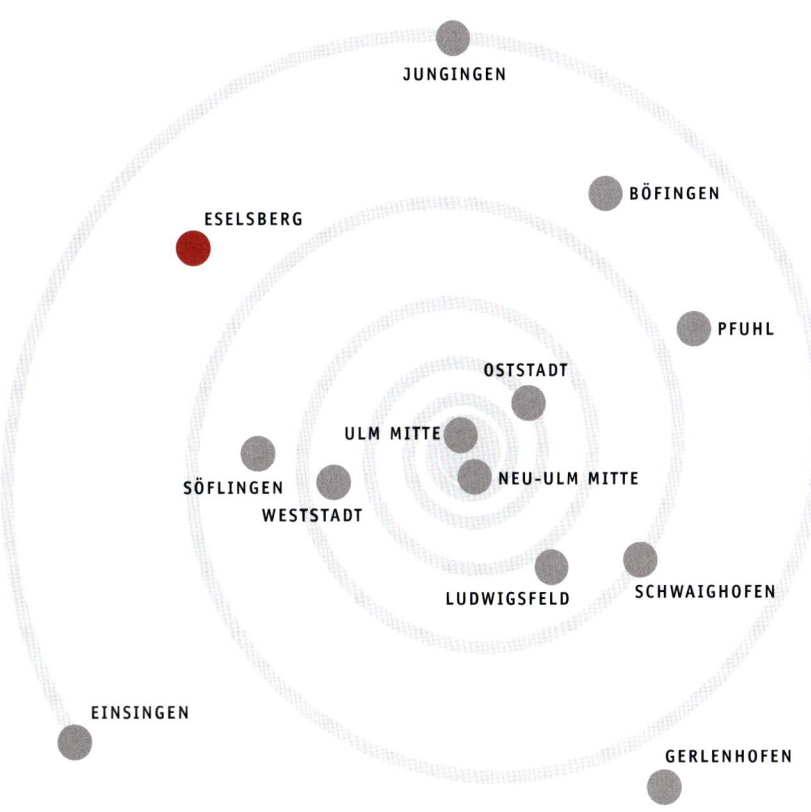

JUNGINGEN

BÖFINGEN

ESELSBERG

PFUHL

OSTSTADT

ULM MITTE

SÖFLINGEN

NEU-ULM MITTE

WESTSTADT

LUDWIGSFELD

SCHWAIGHOFEN

EINSINGEN

GERLENHOFEN

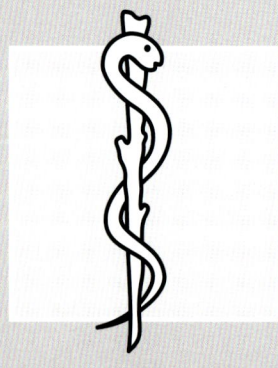

Hei

AGATHE STREICHER

1520	in Ulm geboren. Vater gehört zur oberen Schicht der zünftigen Familien Ulms; Mutter aus der angesehenen Familie Rockenburger; Agathe, jüngstes Kind; Geschwister: Katharina, Margarethe und Hans Augustin, Arzt in Ulm
ab 1530	Anhängerin des Reformators Caspar Schwenckfeld, die Streichersekte entsteht.
1534–39	Aufenthalt Schwenckfelds im Hause Streicher.
1539	Der Ulmer Rat vertreibt den Prediger aus Ulm.
1561	Agathe Streicher schwört den Ärzteeid auf die Ulmer Ordnung. Sie ist die erste vereidigte Ulmer Ärztin. Genehmigte Behandlung des Ulmer Patriziers und Ratsherrn Eitel (Eberhard) Besserer (1501–1575). Tod Schwenckfelds vermutlich im Haus Agathe Streichers.
ab 1569	florierendes Kreditgeschäft gemeinsam mit Margarethe.
ab 1570	Verfolgung der Anhänger der Lehre Schwenckfelds.
1574	Sie behandelt den Bischof von Mainz mit Zustimmung des Ulmer Rats.
1576	Agathe Streicher wird Leibärztin des Kaisers Maximilian II. bis zu dessen Tod am 12.10.1576.
1578	Agathe Streicher soll aus Ulm vertrieben werden. Ausweisung ihrer Wirtschafterin Susanna Hornung.
1581	in Ulm gestorben, rätselhafter Tod, unehrenhafte Beerdigung ohne religiöse Feier.
1580/81	Von Agathe Streicher vorgesehene Stiftungen: • 50 Gulden den Ärmsten der Stadt • 100 Gulden dem Bettelhaus • 800 Gulden für Vertriebene, v.a. Glaubensanhänger • 1000 Gulden für die Ausbildung von Waisenkindern
1977	überreichte die FWG Stadträtin Gertrud Beck dem Oberbürgermeister Dr. Hans Lorenser eine Liste mit Namen für Straßen in den neuen Wohngebieten Eselsberg und Söflingen: Es sollten bedeutende Ulmer Stadtärzte vom 15. bis zum 19. Jahrhundert berücksichtigt werden. Der verdienten Stadtärztin Agathe Streicher widmete sie eine ausführliche Beschreibung auf dieser Liste.
2001	wird in Ulm das Agathe-Streicher-Hospiz gegründet.
2003	bekommt eine Straßenbahn den Namen Agathe Streicher.
2007	Es gibt eine Agathe-Streicher-Stele auf dem Hans-und-Sophie-Scholl-Platz.

AGATHE STREICHER (1520–1581)

Fiktive Mitteilungen des Rats der Stadt Ulm

1561 Schwur des Amtseides vor dem Ulmer Rat

Jungfrau Agathe Streicher hat den Amtseid geleistet und gelobt, die alte und neue Ulmer Ordnung zu halten, arme und reiche Bürger und Bürgerinnen, Einwohner und Einwohnerinnen ohne Bürgerrecht nach bestem Wissen zu versorgen und zu raten. Die Heilkundige ist erfahren in den Grundlagen der medizinischen Wissenschaft, die sie in der Praxis ihres Bruders, dem Arzt Augustin Streicher, sicher erworben hat. Sie erhält die Genehmigung, eine eigene Praxis selbstständig zu führen.

Die anerkannte Ärztin kann große Erfolge ihrer ärztlichen Tätigkeit aufweisen, wie wir von der Wirkung eines ihrer Hausmittel gegen Blasensteine wissen. Ihre Heilkunst ist weit über Ulms Grenzen hinaus bekannt.

1576 Ehrenvolle Einladung an das Krankenbett Kaiser Maximilians II.

Die eingeschworene Ärztin Agathe Streicher hat im September den Ruf bekommen, seine Majestät Kaiser Maximilian II. auf seinem Krankenbett zu betreuen. Dies gereicht der Stadt Ulm zur Ehre. Der Rat wird für eine gefahrlose und standesgemäße Reise nach Regensburg sorgen. Erfahrene Schiffsleute werden die Zille führen, die mit einem wärmenden Öfchen und weiteren Annehmlichkeiten versehen ist, um die bekannte Ulmerin wohlbehalten zum Reichstag zu bringen.

Einflussreiche Fremde kommen von weit her in unsere Stadt, um sich von der Streicherin behandeln zu lassen und den Segen der selbst hergestellten Arzneien zu erfahren. Bischöfe und Adelige aus der Region bezeugen die

Therapieerfolge ihrer Kuren. Ulm ist ein Zentrum der Inneren Medizin. Die Patienten haben den Ruhm der Agathe Streicher

Zille,
Modell von
Rolf Wertz

weitergetragen und ihre außerordentliche Heilkunst dem Kaiserhof empfohlen. Die Segenswünsche des Ulmer Rats begleiten die Stadtärztin zu ihrer schweren, verantwortungsvollen Aufgabe.

1578 Strenges Vorgehen gegen die Stadtärztin

Die ehrsamen Räte der Stadt Ulm haben lang und geduldig die Entwicklung der *Streichersekte* beobachtet. Trotz gütlichen Zuredens hält die bekannte Bürgerin Agathe Streicher unverzagt an der Schwenckfeldschen Glaubenslehre fest, die eine streng gebundene Religionsform ablehnt. Die Mitglieder halten sich an eine freie Glaubensausübung. Der Rat der Stadt hat beschlossen, Susanne Hornung wegen der Glaubenszugehörigkeit aus der Stadt Ulm zu weisen, obwohl sich die Ärztin sehr für ihre Haushälterin eingesetzt hat. Die erfolgreiche Geschäftsfrau Agathe Streicher beeinflusst die wirtschaftliche Entwicklung der Stadt Ulm. Besonnen fördert sie Kredite an angesehene Bürger und an die Stadt selbst. Zinserträge kommen dem Heiliggeistspital, dem Waisenhaus und anderen wohltätigen Einrichtungen zugute. Das soziale

Denken und die karitative Verantwortung der Stadtärztin sind uns bekannt und werden hoch geschätzt. Wegen der großen Wirkung ihrer Heilkunst kann die Jungfrau Agathe ihre öffentlich anerkannte Praxis weiterführen. Es gab auch keinen Einwand gegen die Behandlung des Bischofs von Mainz. Doch werden wir ihr weiteres Verhalten beobachten, ihren Umgang, ihre Besuche überprüfen und gegebenenfalls ihre Tätigkeit einschränken.

Monika van Koolwijk

Kon

AGNES KARLL (1868–1927)

Eine
großartige
Frau

Hannover, 13. Nov. 1912

AGNES KARLL

1868	geboren am 25. März in Embsen in der Lüneburger Heide als Tochter des Gutsbesitzers Theodor Karll und seiner Frau Ida, geb. Mecklenburg; zwei ältere Schwestern.
1882–84	Ausbildung zur Lehrerin in Schwerin. Dort lernte sie die Frauenrechtlerin Helene Lange kennen.
1884–87	Tätigkeit als Privatlehrerin und Erzieherin. Schon in den ersten Jahren war sie überzeugt, dass sie nicht zur Lehrerin, sondern zur Krankenschwester geeignet sei.
1887–91	Pflegeausbildung im Clementinenhaus Hannover und Arbeit in der Universitätsklinik Göttingen (Rotkreuzschwesternschaft).
1891–1901	freiberufliche Pflegerin in Berlin.
1894	Begleitung einer Patientin in die USA.
1901	gesundheitliche Probleme führen zum Ausscheiden aus der Pflegearbeit. Fortbildung bei der Versicherung *Deutscher Anker* zum Versicherungswesen in Deutschland. Agnes Karll nahm Kontakt zum *Allgemeinen deutschen Frauenverein* auf. Ausarbeitung einer Satzung für den Berufsverband.
1903	am 11. November Gründung der *Berufsorganisation der Krankenpflegerinnen Deutschlands*. Ziele: gesetzlich geregelte dreijährige Ausbildung, geregelte Besoldung statt Taschengeld, Kranken- und Altersversorgung, Fortbildung usw.
1904	am 17. Juli gründeten Krankenschwestern aus den USA, England und Deutschland den International Council of Nurses (ICN). Agnes Karll schloss sich dem Berufsverband an.
1906	Sie gab die Verbandszeitschrift *Unter dem Lazaruskreuz* heraus.
1909	Agnes Karll wurde erste Präsidentin des ICN.
1912	Internationaler Kongress des ICN in Köln
1913	Agnes Karll wurde Dozentin an der Frauenhochschule Leipzig. Sie trat für die Forderungen zur Verbesserung des Pflegeberufs ein.
1924	Agnes Karll erkrankte an Brustkrebs.
1927	am 12. Februar starb sie in Berlin.

Meine liebe Freundin Agnes,

ich bin noch immer ganz erfüllt von den Eindrücken und den Tagen des Kongresses in Köln, an dem ich teilnehmen durfte. Es grenzt fast an ein Wunder, dass alles so einmalig gelungen ist. Du hast es geschafft, die Idee zu verwirklichen, gleich gesinnte Menschen aus halb Europa, nein, aus der ganzen Welt, nach Köln einzuladen und alle sind Deiner Einladung gefolgt. Besonders glücklich waren wir über die Anwesenheit unserer verehrten ICN-Präsidentin, Mrs. Bedford Fenwick aus den USA, die uns allen ein großes Vorbild ist.

Wie angespannt ist man vor einem solchen Ereignis als Gastgeberin! Wird alles gut gehen? Werden die Veranstaltungen reibungslos ablaufen? Werden sich die Gäste in Köln wohlfühlen? Wird es keine Zwischenfälle geben? Vor einigen Monaten drangen Randalierer und Reformgegner in eine Versammlung in Hamburg ein und versetzten die Anwesenden in Angst und Schrecken. Da war jetzt ein wachsames Auge gefragt!

Wenn ich daran denke, mit welchen Gefühlen und mit welch unglaublichem Mut du das erste Treffen 1902 in Deutschland mit Frauen der Frauenbewegung, wie Elisabeth Storp, Marie Cauer oder Helene Meyer, arrangiert hast. Es war ein großer Erfolg, erstmals für die Belange unseres Berufes in der Öffentlichkeit aufzutreten.

Ein Jahr später, am 11.01.1903, wurde auf Deine Initiative hin die *Berufsorganisation der Krankenpflegerinnen Deutschlands* gegründet. Gegen alle Widerstände – das war

Agnes Karll mit Schwestern

ein großer Tag! Die Ziele waren hochgesteckt:
1. Ein Verband, der von Schwestern geführt sein sollte;
2. Eine gesetzlich geregelte dreijährige Ausbildung für Krankenschwestern mit Abschlussprüfung;
3. Die Erziehung der Schwestern zur Selbstständigkeit und Mitverantwortung;
4. Die Einführung einer Altersversorgung für Krankenschwestern.

Es war ein grandioser Anfang, trotz der Beschimpfungen seitens der Presse, dass beispielsweise die Krankenpflege durch Begriffe wie *Beruf* entweiht würde. Es gehört persönliche Überzeugung dazu, Bezeichnungen wie „wilde Schwestern" zu schlucken. Wir haben nur auf mehr Rechte für unseren Berufsstand aufmerksam gemacht. Die Medizin ist enorm fortgeschritten, zahlreiche Krankenhäuser sind in den letzten Jahren entstanden und der Bedarf an ausgebildeten Krankenschwestern wächst täglich. Wir müssen in der Lage sein, diesem Anspruch zu genügen und für qualifizierte Pflegerinnen sorgen. Die Welt hat jetzt erfahren, dass Frauen nicht nur Übelstände, wie extreme Überforderung, schlechte Besoldung, fehlende Altersversorgung, ungeregelte Ausbildung erkennen und aussprechen, sondern dass Lösungen gesucht werden und handfeste Pläne dafür vorhanden sind.

Liebe Agnes, was ist aus Deiner Anfrage beim Oberbürgermeister der Stadt Ulm geworden? Den Du mit einer „neumodischen" Krankenpflegeschule beglücken wolltest? Ist er ein ebenso mutiger Mann wie Du eine mutige Frau bist? Ich drücke Dir ganz fest den Daumen für dieses Vorhaben. Mit einem Wort von Dir möchte ich schließen: „Wohin wir unseren Blick auch wenden mögen, in welche Kreise uns unsere Berufsarbeit führt, überall treten uns täglich neue Aufgaben und Pflichten entgegen, wenn wir sie nur sehen wollen."

Ich grüße Dich herzlich
Johanna

Die 1903 gegründete Berufsorganisation wurde 1918 aufgelöst. Nach dem Zweiten Weltkrieg lebte sie unter dem Namen *Agnes-Karll-Verband* wieder auf. 1973 erhielt sie nach einem Zusammenschluss mit anderen Schwesternverbänden den Namen *Deutscher Berufsverband für Krankenpflege* (DBfK). Eine dreijährige Ausbildung wurde erstmalig 1964 im Deutschen Krankenpflegegesetz geregelt. Der ICN ist heute noch die international aktive Vereinigung für Pflegeberufe.

Jutta Gotthardt

MARGARETHE VON WRANGELL (1877–1932)

„Ich legte das Ohr an den Boden"

MARGARETHE VON WRANGELL

1877	in Moskau geboren.
1888–1894	Schuljahre in Reval.
1894	Lehrerinnenexamen
1904	Beginn des Studiums der Botanik, Physik und Chemie in Tübingen.
1909	Promotion in Chemie
	Arbeit und Forschung bei Sir William Ramsay in London.
	Studienaufenthalt bei Marie Curie in Paris.
1912	Leitung einer Versuchsstation der estländischen Landwirtschaft.
1918	Infolge der Oktoberrevolution wird das Institut geschlossen. Margarethe wird mit anderen deutsch-baltischen Adligen verhaftet und nach dem Einmarsch von deutschen Truppen befreit.
1918	Rückkehr nach Deutschland.
1920	Habilitation an der Landwirtschaftlichen Hochschule Hohenheim.
1923	Leitung eines Pflanzenernährungsinstituts in Hohenheim.
1928	Heirat mit Fürst Andronikow.
1932	Tod mit 55 Jahren.

Heute sind ein Habilitationsprogramm für Frauen in Baden-Württemberg und eine Stiftung für Wirtschaftsförderung und Technologietransfer des Landes Nordrhein-Westfalen nach Margarethe von Wrangell benannt.

Margarethe von Wrangell entstammte einer bekannten deutsch-baltischen Großgrundbesitzerfamilie. Ihre Jugend verbrachte sie in Reval. Dort absolvierte sie Schule und Ausbildung mit Auszeichnung und machte das Lehrerinnenexamen. In den folgenden neun Jahren gab sie in Reval Privatstunden in Naturwissenschaften und nahm selbst Malunterricht. Obwohl ihre Verwandtschaft entsetzt auf dieses „unweibliche Vorhaben" reagierte, beschloss sie nach Jahren von Krankheiten und psychischen Krisen zu studieren. Dabei erhielt sie die Unterstützung ihrer Mutter, die sogar mit ihr nach Tübingen zog. Weil sie kein Abitur, sondern nur ein Lehrerinnenexamen hatte, war sie nicht immatrikuliert und zunächst nur Gasthörerin. Hier war sie eine der ersten, die von der hart umkämpften Zulassung von Frauen zum Studium profitierten. Margarethe absolvierte gemeinsam mit den ersten Abiturientinnen des Stuttgarter Mädchengymnasiums ihr Studium in Botanik, Physik und Chemie und erhielt für ihre Doktorarbeit die höchste Auszeichnung. In ihrer Freizeit trieb sie viel Sport, unter anderem spielte sie Tennis, schwamm, ritt und radelte sogar mit einer Gruppe von Professoren und Studenten nach Venedig. Doch in der Hauptsache baute die Studentin ihre akademische Karriere auf. Nach Studien- und Forschungsaufenthalten in London und Paris nahm sie das Angebot an, in ihrer Heimat die Leitung der Versuchsstation des Estländischen Landwirtschaftlichen Vereins in Reval zu übernehmen. Ihre Aufgaben dort waren von großer wirtschaftlicher Bedeutung. Da Estland durch den Ersten Weltkrieg von Düngerlieferungen abgeschnitten war, untersuchte sie den Phosphatbedarf von Nutzpflanzen

Margarethe von Wrangell war die erste ordentliche Proffesorin Deutschlands.

und fand heraus, dass er geringer war als bislang angenommen. Ihre besondere wissenschaftliche Leistung ist die Prüfung von natürlichem Phosphatvorkommen auf seine Verwertbarkeit. Die russische Revolution setzte dieser ersten Forschungsphase ein jähes Ende, das Institut wurde geschlossen und Margarethe kehrte nach Deutschland zurück.

Hier konnte die Wissenschaftlerin ihre Forschungen an der Landwirtschaftlichen Hochschule Hohenheim bei Stuttgart fortführen, weil ihre estländischen Ergebnisse dort Aufmerksamkeit erregt hatten. Sie habilitierte sich 1920 mit dem Thema *Phosphorsäureaufnahme und Bodenreaktion*. Schon bald darauf stellte ihr das Reichsernährungsministerium aufgrund ihres internationalen Rufs Mittel für ein eigenes Pflanzenernährungsinstitut in Hohenheim zur Verfügung, das nach ihren Plänen errichtet wurde. Als erste Frau in Deutschland erhielt sie eine ordentliche Professur, war also zur selbstständigen Lehre und Forschung berechtigt. Doch hatte die Wissenschaftlerin trotz ihrer Erfolge auch mit Intrigen zu kämpfen. Sie schrieb an ihre Mutter: „Ich habe viele Kämpfe in meinem Berufe. Ich bin der erste ordentliche weibliche Professor in Deutschland. Das hat mir die Feindschaft vieler eingetragen, aber mein Institut ist eine Schöpfung, die von dauerndem Wert und Nutzen bleiben wird." Ihre Existenz fast ohne Privatleben sah sie als den Preis an, den sie – wie andere Frauen auch – für ihre Karriere erbringen musste. Erst 1928 fand sie in ihrem Jugendfreund Fürst Andronikow einen Partner, der ihr berufliches Engagement akzeptierte und ihr den Rücken frei hielt. Nach der Heirat brauchte sie allerdings eine Ausnahmegenehmigung des Staatspräsidenten, um ihre Arbeit weiterführen zu dürfen („Beamtinnenzölibat").

Im Alter von 55 Jahren starb Margarethe von Wrangell, die von Jugend an immer wieder gesundheitliche Krisen zu überwinden hatte, an einem Nierenleiden. Für einen Gedenkstein in Hohenheim wurde ihr Ausspruch gewählt: „Ich lebte mit den Pflanzen, ich legte das Ohr an den Boden und es schien mir, als seien die Pflanzen froh, etwas über die Geheimnisse ihres Wachstums erzählen zu können."

An Margarethe von Wrangells Biografie hat mich besonders beeindruckt, dass ihre Mutter sie bedingungslos in ihrer Laufbahn unterstützte. Auch zeigt ihr Lebensweg, dass es damals schon Menschen gab, die global dachten und wirkten.

In Ulm ist ihr die Margarethe-von-Wrangell-Straße am Eselsberg gewidmet.

Agathe Wende

MARIA SIBYLLA MERIAN (1647–1717)

Insekten!
Teufelszeug oder
Wunder der Natur?

MARIA SIBYLLA MERIAN

1647	Im April in Frankfurt geboren, (Anna? Maria Sibylla), Vater: Matthäus der Ältere (1593–1650), Radierer, Kupferstecher, Verleger, berühmt für seine Städtebilder, Mutter: Johanna Sybilla Heim, zweite Ehefrau, Bruder: Matthäus der Jüngere (1621–1687), Radierer und Maler.
1650	Mutter heiratet den Blumen- und Stilllebenmaler Jacob Marell.
1665	Maria Sibylla heiratet den Architekturmaler Johann Andreas Graff.
1667	Geburt der Tochter Johanna Helene, Umzug nach Nürnberg.
1675	Veröffentlichung *Neues Blumenbuch*.
1678	Geburt der Tochter Dorothea Maria.
1679	Veröffentlichung *Der Raupen wunderbare Verwandlung und sonderbare Blumennahrung*.
1681	Tod des Stiefvaters, Umzug nach Frankfurt zur Mutter.
1685	Trennung vom Ehemann, Umzug in eine pietistische Labadistenkommune nach Westfriesland, Holland.
1690	Umzug nach Amsterdam
1693/94	Scheidung
1699	Reise nach Surinam (holländische Kolonie in Südamerika).
1701	Rückkehr nach Amsterdam, nach 21 Monaten in Surinam.
1705	Veröffentlichung des Hauptwerkes *Metamorphosis insectorum Surinamensium*.
1717	am 13. Januar in Amsterdam gestorben.
1799–1804	der Naturforscher Freiherr von Humboldt unternimmt seine große Reise nach Amerika.
1977	überreichte die FWG Stadträtin Gertrud Beck dem Oberbürgermeister Dr. Hans Lorenser eine Liste mit Namensvorschlägen für die Straßen in den neuen Wohngebieten Eselsberg und Söflingen.
1988	hat Oberbürgermeister Ivo Gönner aus dieser Liste den Namen Merian ausgewählt.
1991	wurde schließlich eine Straße nach Maria Sibylla Merian benannt.

Warum gibt es einen Merianweg in Ulm? Maria Sibylla Merian könnte als Quotenfrau zu der Ehre gekommen sein, denn der Weg liegt zwischen Straßen, die nach fortschrittlichen Wissenschaftlern benannt worden sind. Nicht ihr Vater, der bekannte Frankfurter Radierer, Kupferstecher und Verleger Matthäus der Ältere ist gemeint, sondern seine Tochter – eine neugierige, couragierte Naturforscherin und anerkannte Künstlerin. Führte diese ungewöhnliche Frau bereits im 17. Jahrhundert ein modernes, selbstbewusstes Leben?

Als junges Mädchen erlernte sie den Beruf der Kupferstecherin. Mit 18 heiratete die Halbwaise einen leichtlebigen Architekturmaler. Die junge Frau musste den Familienunterhalt verdienen. Deswegen gab sie Malunterricht, verkaufte Kunstvorlagen und ihre sehr geschätzten kolorierten Blumen- und Insektenbilder, Aquarelle und Zeichnungen. In Holland handelte die selbstständige Unternehmerin später mit Farben, Malutensilien sowie mit Tier- und Pflanzenpräparaten, die sie selbst herstellte. Sie zog ihre beiden Töchter allein groß, wurde mit Erlaubnis der Stadt Frankfurt von ihrem Mann geschieden und reiste, 52-jährig, nach Surinam in Lateinamerika – hundert Jahre vor Humboldts Forschungsreisen.

Sibylla Merian machte sich allgemein Gedanken über die Entstehung von Leben. Doch ihre wissenschaftliche Leidenschaft galt der Metamorphose der Schmetterlinge, einschließlich der ökologischen Bedingungen: „Ich habe mich von Jugend an mit der Erforschung der Insekten beschäftigt. Zunächst begann ich mit Seidenraupen in meiner Geburtsstadt Frankfurt am Main."

Spanischer Pfeffer (Capsicum annuum) und Nachtfalter. Kupferstich, koloriert, nach Gouache von Maria Sibylla Merian, entstanden auf ihrer Reise nach Surinam 1699–1701.

Die Insektenkunde, die Entomologie, war noch keine eigenständige Wissenschaft. Sibylla Merian gilt als die erste und eine der bedeutendsten Forscherinnen in dieser Disziplin. Bis ins 17. Jahrhundert galten Insekten als Teufelsgetier bei den Christen oder in der Antike als Produkte der Urzeugung aus faulem Schlamm, kein interessantes Studienobjekt für Zoologen.

Die Naturkundlerin kannte die kostbaren Sammlungen von tropischen Käfern und Schmetterlingen hoch angesehener Persönlichkeiten in Amsterdam. Sie war begeistert von der Vielfalt der präparierten und dokumentierten Objekte, bedauerte aber „dass dort der Ursprung und ihre Fortpflanzung fehlten, das heißt, wie sie sich aus Raupen in Puppen und so weiter verwandeln. Das alles hat mich dazu angeregt, eine große und teure Reise zu unternehmen und nach Suriname zu fahren."

Unter Schwierigkeiten, wie die gefährliche Seereise, undurchdringliche Urwälder, ungewohntes Klima, ansteckende Krankheiten, drang die Naturforscherin mit ihrer jüngeren Tochter in das Hinterland der holländischen Kolonie ein und entdeckte immer neue, unbekannte Tier- und Pflanzenarten. Ihr System, Schmetterlinge in Tag- und Nachtfalter einzuteilen, ist heute noch gültig.

Die naturgetreue, detailreiche Dokumentation ihrer Erkenntnisse wurde Maria Sibylla Merians Hauptwerk: *Metamorphosis insectorum Surinamensium*. Darin sind alle Entwicklungsphasen der Insekten auf den dazugehörenden Pflanzen auf einem Blatt künstlerisch zusammengestellt. „Ich habe keine Kosten bei der Ausführung dieses Werkes gescheut. Ich habe die Platten von den berühmtesten Meistern stechen lassen und das beste Papier dazu genommen, damit ich sowohl den Kennern der Kunst als auch den Liebhabern der Insekten, Vergnügen und Freude bereite." Das Surinambuch gilt als Höhepunkt der Buchkunst des 18. Jahrhunderts.

Maria Sibylla Merian verdient es, mit vollem Namen geehrt zu werden. Auch in Ulm.

Monika van Koolwijk

ELISABETH SELBERT

1896	am 22. September in Kassel geboren
1903–1913	Volksschule, Mädchen-Mittelschule, Gewerbe- und Handelsschule
1913–1921	Auslandskorrespondentin und Postgehilfin im Telegrafendienst
1918	Eintritt in die SPD
1919	Heirat mit Adam Selbert
1921/22	Geburt der Söhne Gerhart und Herbert
1926	Abitur nach Absprache mit dem Ehemann
1927–1930	Jurastudium und Promotion
1934	eigene Kanzlei in Kassel
1943	Kanzlei ausgebombt
1945	wieder eröffnet
1946	Mitglied im hessischen Verfassungsausschuss Verabschiedung der Hessischen Landesverfassung
1948/49	Delegierte im Parlamentarischen Rat
1949	Verabschiedung des GG Artikels 3 Absatz 2
1956	Großes Bundesverdienstkreuz
1983	Einrichtung des *Elisabeth-Selbert-Preises für wissenschaftliche und journalistische Arbeiten im Geiste der Gleichberechtigung von Frau und Mann*
1986	am 9. Juni in Kassel gestorben

ELISABETH SELBERT (1896–1986)

„Männer und Frauen sind gleichberechtigt"

Wer ist Elisabeth Selbert? Die Zeitgenossin und Journalistin Marianne Feuersenger beschreibt sie: „Eine gut aussehende Dame, mittelgroß, schlank, ein feines schmales Gesicht, volles blondes Haar, lebhafte blaue Augen". Sie kleidet sich elegant mit eigens für sie geschneiderten Kostümen.

„Sie ist eine der führenden Persönlichkeiten der deutschen Frauenbewegung. Sie hat sich große Verdienste um die Gleichstellung der Frau in Staat und Gesellschaft erworben", heißt es in der Begründung für das Große Bundesverdienstkreuz.

In Westdeutschland wird nach dem Krieg auf Betreiben der Militärbehörden der Parlamentarische Rat einberufen. Es soll eine demokratische Verfassung erarbeitet werden. Elisabeth Selbert wird als Delegierte der niedersächsischen Landtagsfraktion in den Rat berufen. Die 52-Jährige ist eine von vier Frauen unter 61 Männern. Es werden zehn Ausschüsse gebildet. Selbert, die erfahrene Juristin, die viele Jahre Frauen beraten hat, geht in das Gremium für den Verfassungsgerichtshof und die Rechtspflege. Sie wird schnell bekannt als Frau der einfachen und klaren Formulierungen.

Zunächst beteiligt sich Elisabeth Selbert nicht an der Grundrechtsdebatte. Als es aber um die Formulierung des GG Artikels 3 Absatz 2 geht, mischt sie sich ein. Selbert widerspricht der von der Weimarer Verfassung übernommenen Fassung: „Alle Männer und Frauen haben dieselben staatsbürgerlichen Rechte und Pflichten" und verweigert ihre Zustimmung. Ihr Vorschlag lautet: „Männer und Frauen sind gleichberechtigt."

Damit stößt die Juristin auf Widerstand, sowohl bei den CDU-Abgeordneten als auch bei einigen ihrer Parteigenossen. Elisabeth Selbert gibt nicht auf, sondern wirbt um außerparlamentarische Unterstützung. Sie will den Erfolg, geht an die Öffentlichkeit, reist zu zahlreichen Frauenvereinigungen in ganz Westdeutschland, spricht zum Thema *Die Rechtsstellung der Frau* und lässt parteipolitische Grenzen beiseite. Auf privater Ebene wendet sich Selbert an die Ehefrauen der CDU-Mitglieder. Daraufhin schreiben Gewerkschaftsfrauen, weibliche Betriebsräte, Ortsgruppen des Akademikerinnenbundes sowie die weiblichen Landtagsabgeordneten – Bayern enthält sich – Protestbriefe, die körbeweise im Parlamentarischen Rat ankommen.

Das bleibt nicht ohne Wirkung. Im Januar wird der Grundgesetzartikel, so wie ihn Elisabeth Selbert verfasst hat, ohne Gegenstimme von den Abgeordneten angenommen.

Elisabeth Selbert hat Geschichte geschrieben. Jahrzehnte später sagt sie in einem Interview: „Es war die Sternstunde meines Lebens als die Gleichberechtigung der Frauen damit zur Annahme kam."

Erdmute Dietmann-Beckert

Die Anwältin Elisabeth Selbert beim Aktenstudium

LISE (ELISE) MEITNER (1878–1968)

„Lass mich nur machen"

LISE (ELISE) MEITNER

1878	geb. am 17. November in Wien, als dritte Tochter von acht Kindern des jüdischen Rechtsanwalts und Freidenkers Philip Meitner und seiner Frau Hedwig. Sie wird evangelisch getauft und erhält eine liberale Erziehung.
1879	Otto Hahn wird am 8. März geboren.
1884–1892	Besuch der Bürgerschule in Wien.
1892–1901	Selbststudium, an österreichischen Gymnasien sind Mädchen nicht zugelassen.
1901	Reifeprüfung in Wien am Akademischen Gymnasium für Jungen.
1901–1906	Studium der Physik, Mathematik, Philosophie in Wien (eine der ersten Studentinnen).
1906	Promotion (die zweite Frau, die in Wien promoviert).
1906–1907	Wissenschaftliche Mitarbeiterin am Institut für Theoretische Physik in Wien, erste Publikationen.
1907–1909	„Gast" und heimliches Studium im Chemischen Institut der Universität in Berlin.
1909–1912	Wissenschaftliche Mitarbeiterin von Otto Hahn am Kaiser-Wilhelm-Institut (KWI) für Theoretische Physik in Berlin.
1912–1920	Wechsel der Arbeitsgruppe Hahn-Meitner ans neue KWI für Chemie in Berlin-Dahlem.
1920	Habilitation (eine der ersten von Frauen, die erste einer Frau in Physik), 13 Jahre nach Hahn. Sie erhält eine eigene Abteilung im KWI.
1926	Akademische Lehrerlaubnis (eine der ersten Professorinnen in Deutschland).
1933	Entzug der Lehrerlaubnis unter dem Nationalsozialismus.
1938	Annexion Österreichs durch Hitler-Deutschland. Emigration mit Hilfe von Kollegen von Berlin über Holland nach Stockholm. Otto Hahn und Fritz Strassmann entdecken die Transuran-Entstehung aus Uran.
1939	Lise Meitner und Otto Robert Frisch (ihr Neffe) nennen dies Kernspaltung.
1939–1945	Die Kernspaltung ermöglicht in den USA den Bau der Atombombe.

Forscherinnen im Bereich der Naturwissenschaften sind rar, insbesondere in der Physik – auch heute noch. Umso bemerkenswerter ist der Werdegang von Lise Meitner zu Beginn des 20. Jahrhunderts.

Die in Wien Geborene darf als Frau ihr Abitur nur nach Selbststudium und als Externe an einer Jungenschule machen. Zum Studium der Physik wird sie zugelassen, weil die hübsche, dunkelhaarige Juristentochter mit den sanften Augen und dem hellwachen Verstand verständnisvolle Förderer findet. Als zweite Frau in der Geschichte der Wiener Universität beginnt sie mit der Doktorarbeit in Physik. Sie wechselt später nach Berlin, wo sie die besten Physiker und Theoretiker ihrer Zeit trifft: Albert Einstein und Niels Bohr. Sie hört Vorlesungen von Max Planck, der etwas gegen „weibliche Amazonen" hat, bevor er sie als rühmliche Ausnahme anerkennen und fördern wird. Besonders folgenschwer für die wissenschaftliche Weiterentwicklung ist die Begegnung mit dem gleichaltrigen Otto Hahn. Die zierliche Frau wird jahrelang mit ihm zusammenarbeiten und wichtige Entdeckungen machen.

Der Anfang ist schwer: Zunächst steht ihr nur ein kleines Zimmer mit separatem Eingang zur Verfügung, denn der Institutsdirektor Emil Fischer mag keine „Weiberwirtschaft". Bezahlung erhält die Wissenschaftlerin auch keine. Die Physikerin Meitner und der Chemiker Hahn ergänzen sich hervorragend und leisten Pionierarbeit in der Erforschung der Alpha- und Betastrahlung. Lises wissenschaftliche Laufbahn entwickelt sich stetig weiter mit Habilitation und Berufung zur Professorin. Sie erwirbt sich schließlich international den Ruf einer Physikerin ersten Ranges.

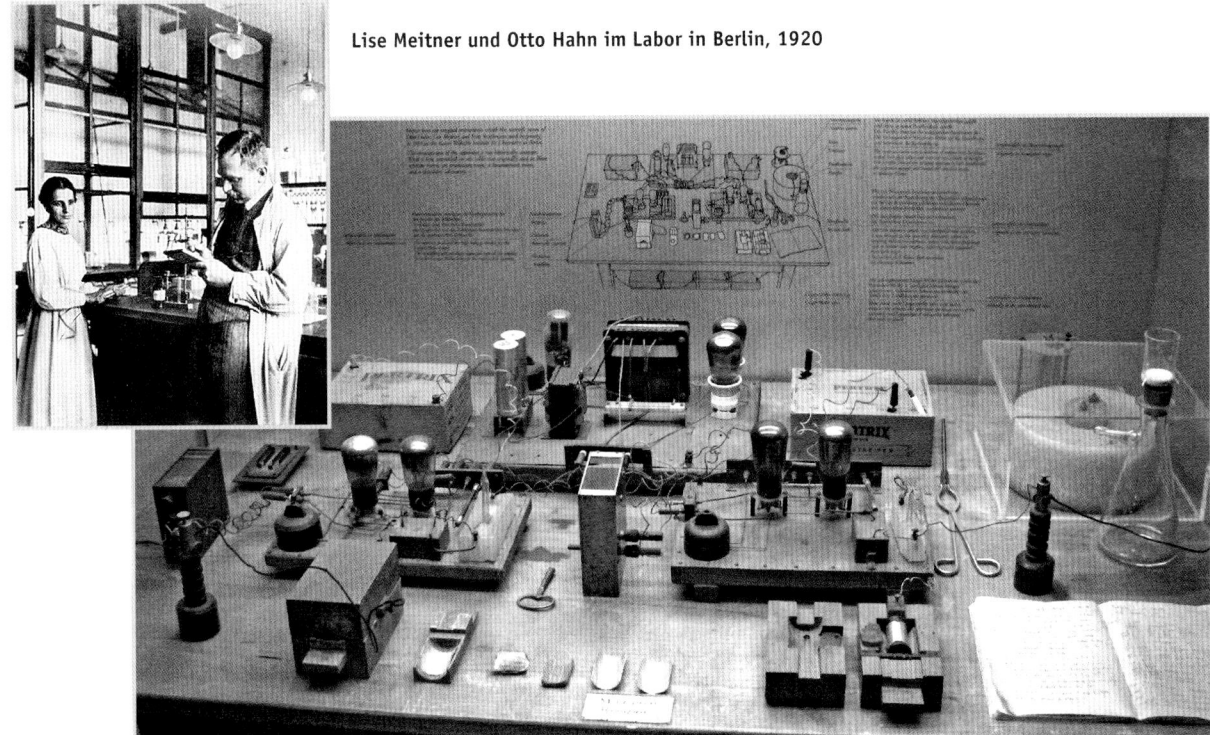

Lise Meitner und Otto Hahn im Labor in Berlin, 1920

Versuchsaufbau, mit dem Lise Meitner, Otto Hahn und Fritz Straßmann 1938 die Kernspaltung entdeckten.
Deutsches Museum, München

Durch die Annexion Österreichs 1938 verliert die Jüdin Lise Meitner ihre österreichische Staatsbürgerschaft, flieht aus Deutschland und findet Asyl in Schweden. Ihre Karriere ist damit abrupt beendet, auch wenn ihre Zusammenarbeit mit Hahn in häufigen Briefdiskussionen bestehen bleibt. In das Jahr ihrer Flucht fällt die epochale Entdeckung der Kernspaltung: ein Ergebnis der gemeinsamen Forschung von Hahn und Meitner. Der in Berlin weiterforschende Hahn erhält für diese Entdeckung den Nobelpreis für Chemie, ohne dass die Physikerin genannt wird. Dennoch bleiben Meitner und Hahn befreundet. Meitner lehnt, anders als Hahn, hoch dotierte Angebote aus den USA ab, weil diese Arbeiten den Bau der Atombombe fördern würden.

Ein Privatleben gibt es bei Lise Meitner nicht. Bis ins hohe Alter bleibt sie ein „Arbeitstier". Als ihr Neffe sie fragt, warum sie nie geheiratet habe, reagiert sie verständnislos: „Aber, mein Lieber, dafür hatte ich einfach keine Zeit!" Während der frühen Zusammenarbeit in Berlin bemüht sich Otto Hahn auch privat um die attraktive Wissenschaftlerin. Im gemeinsamen Forschungsteam ist die selbstbewusste Frau oft die Führende. Sie soll einmal zu Hahn gesagt haben: „Hähnchen, lass mich nur machen, von Physik verstehst du nichts." Welchen Lebensinhalt sie aus ihrer Forschungstätigkeit gewinnt, zeigt ihr Ausspruch: „Ich liebe Physik, ich kann sie mir schwer aus meinem Leben wegdenken."

1939–1945	Meitner ist Wissenschaftlerin am Nobel-Institut für Kernphysik in Stockholm.
1944	Hahn bleibt in Berlin, erhält den Nobelpreis für Chemie.
1946–1953	Meitner leitet den Lehrstuhl der Abteilung für Kernphysik, Königlich-Technische Hochschule, Stockholm.
1948	Meitner erhält die schwedische Staatsbürgerschaft.
1960	Meitners Emeritierung, Übersiedlung zum Neffen nach Cambridge in Großbritannien, diverse Gastprofessuren an US-amerikanischen Universitäten.
1968	Lise Meitner stirbt am 27. Oktober in Cambridge, drei Monate nach Otto Hahn.

Lise Meitner 22-jährig in Wien 1900, ein Jahr vor dem Abitur

Die wissenschaftliche Karriere der Lise Meitner in der Frühzeit der Frauenemanzipation ist möglich durch ihre Klugheit und ihr Durchhaltevermögen. Ihre Toleranz und Bescheidenheit werden gerühmt. Spät im Leben entwickelt Lise Meitner emanzipatorische Züge und setzt sich auch schriftlich für das berufliche Fortkommen von Frauen ein – ein Thema, das auch heute noch aktuell ist.

Barbara Heinze

Neu-Ulm Gerlenhofen

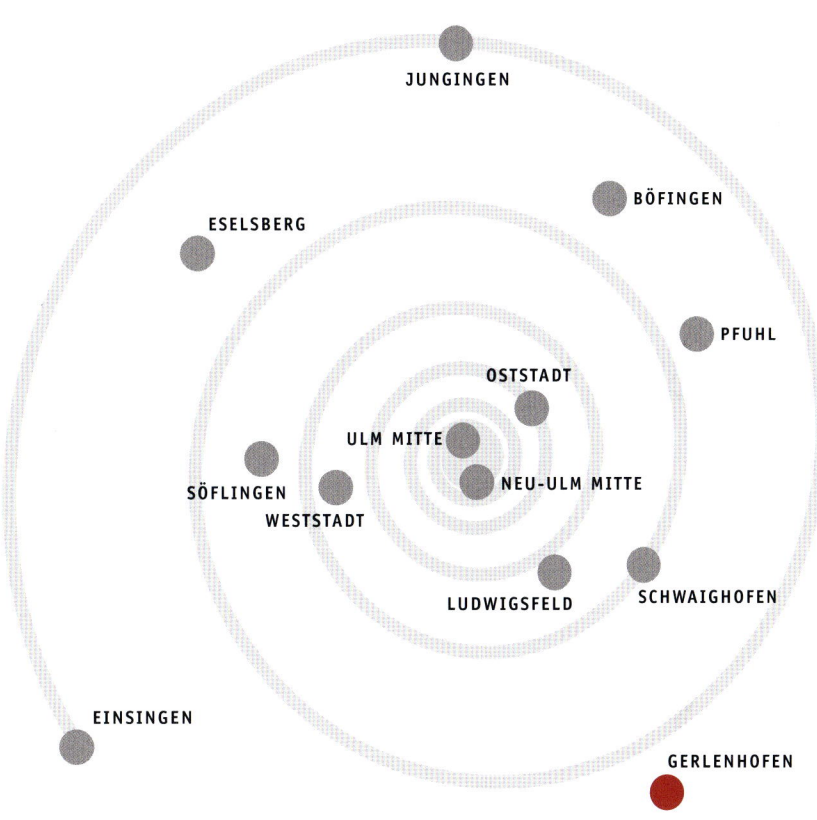

JUNGINGEN

BÖFINGEN

ESELSBERG

PFUHL

OSTSTADT

ULM MITTE

NEU-ULM MITTE

SÖFLINGEN

WESTSTADT

LUDWIGSFELD

SCHWAIGHOFEN

EINSINGEN

GERLENHOFEN

Klugh

ADELHEID, DEUTSCHE KAISERIN (931–999)

Glanz und Elend
einer Kaiserin

ADELHEID, DEUTSCHE KAISERIN

um 931	in Burgund geboren
	Mutter Bertha, Tochter des Herzogs von Schwaben
	Vater Rudolf II., König von Hochburgund
937	Tod Rudolphs II.
	Ehe Berthas mit Hugo, König der Lombardei u. von Italien
947	Ehe Adelheids mit Lothar, dem König von Italien und Niederburgund, dem Sohn von Hugo
948	Tochter Emma geboren (oder 949–988), spätere Königin von Frankreich
950	Tod von Ehemann Lothar durch Gift
951	Gefangenschaft auf der Burg Como in Garda, nach vier Monaten flieht sie; Ehe mit Otto I. (dem Großen), König des Dt. Reiches (912–973)
952	Sohn Heinrich wird geboren (oder Anfang 953–ca. 954)
953	Sohn Bruno wird geboren (oder Anfang 954–957)
955	Tochter Mathilde wird geboren (Anfang 955–999), spätere Äbtissin von Quedlinburg
955	Sohn Otto II. wird geboren (Ende 955–983)
962	Krönung zur Kaiserin in Rom von Papst Johannes XII.
972	Otto II. heiratet byzantinische Kaisertochter Theophanou
973	Tod Ottos I. (Regentschaft 936–973)
975	Vertreibung vom Hof auf Veranlassung der Schwiegertochter
980	Enkel Otto III. geboren (980–1002)
oder 981	Aussöhnung mit ihrem Sohn
983	Tod des Sohnes Otto II. am 14. April (Regentschaft 973–983)
991	Tod von Theophanou, der Mutter Ottos III.
	Regierende Kaiserin für Enkel Otto III. bis zu dessen Mündigkeit
996	Rückzug vom Kaiserhof Ottos III. ins Elsass, nachdem Otto mündig geworden ist
999	am 16.12. im Kloster Seltz im Elsass gestorben
1097	Heiligsprechung durch Urban II. (1042–1099)

Adelheid ist entfernt verwandt mit der schwäbischen Hildegard (758–783), der Gemahlin von Karl dem Großen König der Franken.

„Die kaiserlichste aller Kaiserinnen", so schreibt ihr Biograf Odilo von Cluny. Als Heilige wurde die beispielhafte Christin und erfolgreiche Klostergründerin über ihren Tod hinaus vom Volk verehrt. Adelheid, eine Herrscherin und eine Heilige? Was macht die burgundische Prinzessin zu einer der bedeutendsten Frauengestalten der deutschen Geschichte? Ihre Persönlichkeit? Gekennzeichnet von natürlicher Würde, Klugheit und hoher Moral. Oder ihr bewegtes Leben?

Die Urururenkelin der fränkischen Königin Hildegard erlebte glänzende Verehrung und herbe Enttäuschungen. Mit sechs Jahren verlor die schöne Prinzessin ihren Vater und wurde am italienischen Königshof standesgemäß erzogen. Mit 16 Jahren heiratete die gebildete und begabte Adelheid Lothar, den Sohn ihres Stiefvaters Hugo, der die Intelligenz und Energie seiner Schwiegertochter erkannte und schätzte.

Die glückliche Ehe dauerte nur drei Jahre, dann starb ihr Mann durch Gift. Die königliche Witwe litt unter der Willkürherrschaft des vermutlichen Mörders Berengar II. und sollte dessen Sohn heiraten. Der selbst ernannte König der Langobarden wollte mit dieser Verbindung seine Herrschaft über Italien legalisieren. Die charakterstarke Adelheid widersetzte sich der Heirat, wurde beraubt, gedemütigt und in Garda auf der Burg Como gefangen gesetzt. Mit Hilfe des Priesters Martin gelang ihr die Flucht. Die italienische Königin schlug sich mit ihrer Tochter Emma bis nach Canossa durch. Dort bat sie den deutschen König Otto um Hilfe, der in Norditalien einfiel und Berengar II. besiegte. Adelheid vermählte sich mit ihm und ging nach Deutschland. Otto überließ ihr die Verfügungsgewalt über

**Adelheid und Otto I. im Meißner Dom, die Stifter des Domes.
Das Kaiserpaar ist dargestellt als frommes Ehepaar, das einander zuge-
wandt am Gottesdienst teilnimmt.**

ihre Güter in Italien und achtete die Eigenständigkeit seiner Frau.

Eine glückliche Zeit begann für die selbstbewusste Königin. Sie fühlte sich ebenbürtig und hatte Einfluss auf die Politik des Reiches. Sie sprach vier Sprachen und fungierte als Dolmetscherin. Bittsteller wendeten sich zuerst an die einflussreiche Herrscherin. Die Menschen erlebten die vorbildliche Christin freundlich und freigiebig. Höhepunkt ihres politischen Lebens war die Krönung zur Kaiserin in Rom. Nach der Geburt ihres Sohnes Otto II. entfremdete sich das Ehepaar und Adelheids politische Bedeutung schwand. Italien blieb ihre Heimat. Als Otto starb, wurde er neben seiner ersten Frau Editha beerdigt – eine herbe Enttäuschung für die stolze Adelheid.

Nach dem Tod ihres Mannes war die deutsche Kaiserin die wichtigste Beraterin ihres Sohnes Otto II. Aber das Zerwürfnis mit ihrer byzantinischen Schwiegertochter Theophanou zwang sie dazu, den Hof zu verlassen. Für ihre Vertreibung mögen auch staatsrechtliche Gründe eine Rolle gespielt haben, nämlich ihre Unterstützung für die Reformbewegung von Cluny, die die Mitbestimmung des Reiches auf die Klöster sehr schwächte. Als ihr Sohn starb, gewann Adelheid noch einmal politischen Einfluss. Die kluge Politikerin teilte sich die Herrschaft für den dreijährigen Enkel Otto III. mit ihrer Schwiegertochter.

Nach Theophanous Tod war Adelheid wieder die allein regierende Kaiserin und stand im Zentrum der Macht. Die Regentin herrschte selbstständig und weise bis zur Volljährigkeit ihres Enkels. Danach musste die erfolgreiche Herrscherin und bemerkenswerte Frau den Kaiserhof endgültig verlassen und zog sich in das elsässische Kloster Seltz zurück.

Als Kaiserin hatte sie die cluniazensische Klosterreform erfolgreich unterstützt. Nach knapp 100 Jahren sprach Papst Urban II. Adelheid offiziell heilig und bis zur Reformation war das Grab im Kloster Seltz ein viel besuchter Wallfahrtsort.

Monika van Koolwijk

**HILDEGARD, EHEFRAU KARLS DES GROSSEN
(758–783)**

Königin des Herzens und der Politik

HILDEGARD, EHEFRAU KARLS DES GROSSEN	
757	oder 758 geboren. Vater: Gerold, fränkischer Adeliger, Mutter: Imma, aus dem Haus der alemannischen Schwabenherzöge
771	oder 772 Heirat mit Karl I., dem Großen (742–814), König der Franken (768–814), römischer Kaiser seit 800.
774	Stiftung einer kostbaren Altardecke für den Petersdom.
778	Annullierung der ersten Ehe Karls mit Desiderata, eigentlich Gerperga. Hildegard wird rechtmäßige Königin. Karlmann wird als ehelicher Sohn durch den Papst anerkannt.
781	Salbung der Königssöhne Pippin und Ludwig durch Papst Hadrian I. Durch die Weihe Könige von Italien und Aquitanien. Verlust des Erbrechts für den ersten Sohn Karls aus der Verbindung mit der Fränkin Himiltrud.
783	am 30. April in Thionville, bei Metz, gestorben.

Ihre 9 Kinder:	
772–811	Karl (oder 773 geboren)
773–774	Adelheid (oder 774 geboren)
775–810	Rotrud
777–810	Karlmann, später Pippin nach dem Großvater getauft, König von Italien
778–840	Ludwig I., der Fromme, geboren in Poitiers
778–779	Lothar, Zwillingsbruder (oder 780 gestorben)
779–823	Bertha (oder 828 gestorben)
781–814	Gisela (evtl. auch nach 814 gestorben)
782–783	Hildegard (oder 783 geboren)
772–804	Sachsenfeldzüge (783 gegen Widukind)
773/74	Italienfeldzug gegen Langobarden
778	Spanienfeldzug gegen die Araber

Die Hildegardstraße passt zum bayerischen Gerlenhofen. Der Name des Ortsteils leitet sich von Gerold ab: entweder benannt nach Hildegards Vater oder nach ihrem Bruder, einem Markgrafen, der bei Karl dem Großen in hohem und wohlverdientem Ansehen stand.

Die Eheschließung zwischen der fränkisch-alemannischen Hildegard und Karl dem Großen war ein Skandal. Der Frankenkönig verliebte sich in die erst 13-jährige Hildegard, begann eine leidenschaftliche Affäre mit der schönen Schwäbin und heiratete die Minderjährige. Mit 14 bekam sie ihr erstes Kind. Der König verstieß zwar seine langobardische Gemahlin, die Königstochter Gerperga, die er aus politischen Gründen ein Jahr zuvor geheiratet hatte, wurde aber nicht geschieden. Und er setzte sich darüber hinweg, dass eine Ehe mit einer Minderjährigen gegen jegliche Vorstellung von Sitte und Moral verstieß. Der Makel, sich ehebrecherisch mit dem König eingelassen zu haben, und der Vorwurf der unrechtmäßigen Eheschließung belasteten die junge Frau.

Immer wieder versuchte Hildegard, ihren Mann zu bewegen, ihren Lieblingssohn Karlmann als rechtmäßigen Erben anzuerkennen und den erstgeborenen Sohn aus der Verbindung mit der Fränkin Himiltrud zu verdrängen. Karl sollte ihren Sohn mit dem Namen des Großvaters Pippin auszeichnen.

Erst sechs Jahre nach der Eheschließung erkannte Papst Hadrian I. Hildegard als rechtmäßige Gattin Karls an. Sie erhielt das Recht, Dokumente zu beurkunden, war nun anerkannte Königin und Mutter des designierten Kronprinzen Pippin. Später salbte der Papst ihre beiden Söhne Pippin und Ludwig zu Königen.

Es war eine glückliche, liebevolle, in jeder Hinsicht fruchtbare Ehe. Hildegard begleitete den König auf fast all seinen Kriegszügen, so weit und so lange es eben

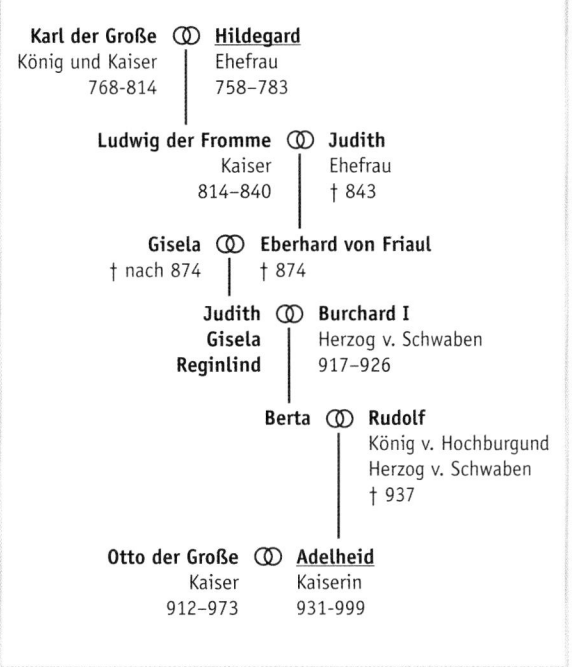

Karl der Große ⚭ <u>Hildegard</u>
König und Kaiser | Ehefrau
768-814 | 758–783

Ludwig der Fromme ⚭ **Judith**
Kaiser | Ehefrau
814–840 | † 843

Gisela ⚭ **Eberhard von Friaul**
† nach 874 | † 874

Judith ⚭ **Burchard I**
Gisela | Herzog v. Schwaben
Reginlind | 917–926

Berta ⚭ **Rudolf**
| König v. Hochburgund
| Herzog v. Schwaben
| † 937

Otto der Große ⚭ <u>Adelheid</u>
Kaiser | Kaiserin
912–973 | 931-999

Der Stammbaum zeigt die verwandtschaftliche Verbindung von Hildegard, der Ehefrau Karls des Großen, und Kaiserin Adelheid.

ging und ertrug die Härten des Lagerlebens. Sie trennte sich jedes Mal genauso schwer von ihrem Mann wie er sich von ihr. Allerdings sollte die politische Dimension der Verbindung nicht übersehen werden, nämlich die fränkische Herrschaft im neu erworbenen Schwabenland zu festigen. Möglicherweise brachte die reiche Schwäbin auch Familienbesitz in die Ehe ein, aus der Umgebung von Ulm, von der oberen Donau, der oberen Iller, vom Lech.

Die fränkische Königin war eine überzeugte Christin. Eine Legende macht sie zur Förderin des Klosters Kempten, dem sie Gebeine des heiligen Gordian und Epimachus schenkte. Die Sankt-Arnulf-Kirche bei Metz, das Kloster Sankt Martin in Tours und das Kloster Sankt Denis erhielten Ländereien in Oberitalien. Aus dem Familienbesitz Hildegards fielen große Schenkungen an die Reichenau.

Mit 14 bekam Hildegard ihr erstes Kind, mit 25 ihr neuntes. Ihre dicht aufeinanderfolgenden Schwangerschaften und ihr unruhiges Leben in den Feldlagern forderten ihren Tribut. Hildegard starb jung. Chronisten überliefern, dass Hildegard nicht nur von ihrem Mann, dem mächtigen König der Franken und Langobarden, beweint, sondern auch von ihren Untertanen betrauert wurde, die in ihr eine gute Königin sahen. Im Auftrag Karls setzte „der Gelehrte Langobarde Paulus eine zierliche und gemüthvolle Grabschrift. Er pries die Schönheit ihrer äußeren Erscheinung, ihre lautere Seele, dass sie klug und thätig, anmutig und freigebig gewesen sei; doch als ihr höchster Ruhm erschien ihm, dass sie einem Fürsten wie Karl gefallen habe." Der schönen, charakterstarken Schwäbin wurde auch in Ulm ein Denkmal gesetzt: die Brunnenfigur im Hof des Neuen Baus, wo vermutlich einst ein Erbgut der Familie Hildegards stand.

Monika van Koolwijk

Ulm Jungingen

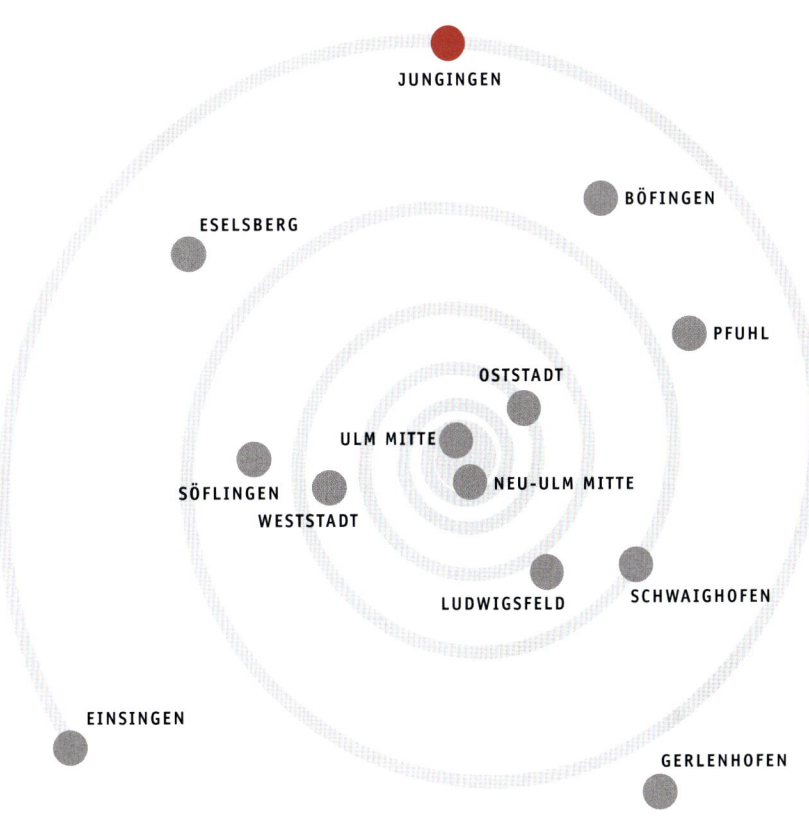

JUNGINGEN

BÖFINGEN

ESELSBERG

PFUHL

OSTSTADT

ULM MITTE

NEU-ULM MITTE

SÖFLINGEN

WESTSTADT

LUDWIGSFELD

SCHWAIGHOFEN

EINSINGEN

GERLENHOFEN

Schaffens...

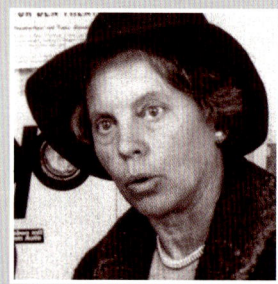

GERTRUD BECK

1915 Gertrud Alfa Fuchs wird am 17.03. in Weiler, Kreis Schwäbisch Gmünd geboren und wächst in Biberach/Riss auf; dort Abitur und Ausbildung zur Rechtsanwaltsgehilfin.
Vater: Kaspar Fuchs, Zollinspektor, geb. 1885.
Mutter: Kreszentia, geb. Steinhauser, geb. 1888.
Zwei Schwestern: Hedwig Monika, geb. 1920, Hildegard Maria, geb. 1922.

seit 1934 mit Unterbrechungen in Ulm lebend.
1940 Heirat mit Oberleutnant Helmut Christoph Schüz.
1941 Geburt des Sohnes Gerd-Helmut Christoph Schüz.
1942 verwitwet: Ehemann Schüz gefallen.
1949 Heirat mit Rechtsanwalt und Notar Ernst Beck.
1950 Geburt des Sohnes Jörg Eberhard Kaspar Beck.
1955 Vorsitzende des deutsch-amerikanischen Frauenclubs bis zu seiner Auflösung.
1971–89 Mitglied des Stadtrats Ulm (FWG): tätig im Kultur- und Bauausschuss.
1975 Tod des Ehemanns Ernst Beck.
1978 am 17.07. mit dem Bundesverdienstkreuz am Bande für ihr bürgerschaftliches und ehrenamtliches Engagement ausgezeichnet.
1987 am 04.07. mit der Medaille der Universität Ulm für die Förderung der Integration von Universität und Stadt ausgezeichnet.
1994 am 29.09. in Ulm gestorben.
Seit den ersten Nachkriegsjahren Inhaberin zahlreicher Ehrenämter in und außerhalb Ulms:
• Mitbegründerin des Wallfahrtsmuseums von Maria Steinbach
• Entdeckerin bis dahin unbekannter Komponisten Oberschwabens wie Andreas Heichlinger (1746–1809), Michael Kraf (1595–1667) oder Ernest Weinrauch (1730–1793)
• Vortragstätigkeit an der Ulmer Volkshochschule und in auswärtigen Kunst- und Altertumsvereinen
• Freie Mitarbeiterin bei Zeitungen und Zeitschriften
• Mitglied des Verbands Deutscher Schriftsteller
• Veröffentlichung zahlreicher Aufsätze und Schriften

GERTRUD BECK (1915–1994)

Unvergessene Stadträtin

Wer ist diese Frau? Diese Frage stellte ich mir schon vor 22 Jahren, als mir mein damals zehnjähriger Sohn von Gertrud Beck erzählte. Sie war die Großmutter seines Klassenkameraden. Respekt und Hochachtung dieser Frau gegenüber hörte ich aus seinen Worten heraus, ungewöhnlich für einen Jungen in diesem Alter.

Gertrud Beck wächst als älteste von drei Töchtern in Biberach/Riss auf. Kunst und Kultur sind ein wichtiger Bestandteil im Leben der bürgerlichen Familie. Schon als Gymnasiastin interessiert sich Gertrud besonders für das Theater und die Oper. Seit dieser Zeit widmet sie sich auch einem ausgefallenen Hobby: Bis zu ihrem Lebensende sammelt sie Fächer. Als Fächerexpertin wird ihr Name später sogar bei den Vereinten Nationen registriert. Durch ihre Ausbildung zur Rechtsanwaltsgehilfin lernt sie genau hinzuschauen, nachzufragen, Zusammenhänge herzustellen – Fähigkeiten, die ihr weiteres Leben entscheidend prägen werden.

Ihre Leidenschaft gilt dem Barock. Ulm und der oberschwäbische Raum – insbesondere die Sakralkunst – sind ihre Vorliebe. Mit unermüdlichem Fleiß und beständiger Ausdauer recherchiert sie in Archiven, Bibliotheken und Klöstern und arbeitet so kultur- und kunsthistorische Zusammenhänge heraus. Zum Entstehen des Wallfahrtsmuseums in Maria Steinbach trägt sie entscheidend bei. In den Archiven oberschwäbischer Klöster gräbt sie Noten bis dahin unbekannter Komponisten aus und bewirkt, dass die CD-Reihe *Musik in oberschwäbischen Klöstern* herauskommt.

„Sorge zuerst für den Schlitten, dann für das Geläut"

Ihr profundes Wissen gibt Gertrud Beck in unzähligen Vorträgen und Lesungen, aber auch in zahlreichen Veröffentlichungen weiter. Ihre Meinung ist in der Fachwelt gefragt, obwohl sie eine Autodidaktin ist. Sie bezeichnet sich selbst als „unbefangene Laiin mit Sachverstand" und ist der Meinung: „Die einen sind vom Fach, und i bin von d'r Sach." Humor und Schalk sprühen aus diesen Worten! Oft wird die eloquente Rednerin gebeten, Einweihungen oder festliche Anlässe mit ihren launigen Ausführungen zu eröffnen.

Nicht weniger stark als ihr kulturelles ist Gertrud Becks soziales Engagement, mit dem sie sich voll und ganz für sozial Schwächere einsetzt. Als ihr das Bundesverdienstkreuz verliehen wird, führt Oberbürgermeister Dr. Hans Lorenser aus: „Sie lässt sich nicht tragen, sondern wird überall dort, wo sie mitmacht, zur tragenden Kraft."

Folgerichtig engagiert sich Gertrud Beck auch kommunalpolitisch. Achtzehn Jahre lang setzt sie sich im Gemeinderat für ihre Stadt Ulm ein und wirkt außer im Kultur- auch intensiv im Bauausschuss mit. Das baltische Sprichwort „Sorge zuerst für den Schlitten, dann für das Geläut" erhebt sie zu ihrem Lebensmotto, das sie nicht nur immer wieder anführt, sondern nach dem sie auch handelt. So wird auf ihr Betreiben die erste Behindertentoilette in Ulm installiert. Darüber hinaus kümmert sich die engagierte Gemeinderätin auch noch um das „Geläut". So rettet sie erhaltenswerte Gebäude nicht nur vor dem Abriss, sondern erreicht eine kunstvolle und stilgerechte Restaurierung der Häuser. Die Reihe der Beck'schen Aktivitäten und Erfolge ließe sich noch beliebig fortsetzen.

Wer also war Gertrud Beck? Sie war eine Person, die die Bereiche Kultur, Soziales, Kommunales auf einen Nenner brachte. Mit welcher Leichtigkeit ihr das gelang und welche Lebensfreude sie dabei ausstrahlte, ist für mich bewundernswert. Ich meine, ihr gebührt in hohem Maße Respekt, Anerkennung und Hochachtung. Mein Sohn mit seinen zehn Jahren hatte das intuitiv erfasst. Zu Recht ist ihr die Gertrud-Beck-Straße in Ulm-Jungingen gewidmet.

Ulrike Iffland

Gastwirtin

MARIA MARGARETHA BOSCH (1818–1898)

Eine bemerkenswerte Frau

MARIA MARGARETHA

1818	am 1. Dezember wird Maria Margaretha Dölle als Tochter des dortigen Adlerwirts in Jungingen bei Ulm geboren.
1832	Tod des Vaters Bartholomäus Dölle
1837	Eheschließung mit Servatius Bosch (*1816), Hofbauer, Kronenwirt in Albeck, Brauerei, Aus- und Vorspann für die Fuhrleute an der Steige
1838	Geburt des Sohns Jakob Friedrich. Er übernimmt den Gasthof Adler in Jungingen.
1840	Geburt des Sohns Johann Georg (†1864), der den Hof in Albeck erben sollte.
1842	Geburt der Tochter Elisabetha, verh. Gnann.
1843	Geburt des Sohns Karl Friedrich, Kaufmann, (Sohn Carl erhält 1931 den Chemienobelpreis).
1845	Geburt der Tochter Barbara, verh. Decker.
1847	Geburt des Sohns Ernst Albert (†1848).
1851	Geburt der Tochter Karoline, verh. Haag.
1852	Geburt der Tochter Maria Margaretha (†1853).
1854	Geburt des Sohnes Gustav Albert (†1887), Architekt d. Ulmer Münsterbauhütte.
1858	Geburt des Sohns Wilhelm August (†1858).
1861	Geburt des Sohns August Robert, Gründer der Firma **Bosch GmbH** in Stuttgart.
1865	Geburt der Tochter Maria, verh. Schnizer.
1867	Tod der Mutter (Barbara Dölle. geb. Rau, *1793) in Jungingen.
1869	Umzug nach Ulm in die Wengengasse.
1880	Tod des Ehemanns Servatius Bosch.
1898	am 27. Oktober stirbt Maria Margaretha Bosch in Ulm.

Ulm, im Jahre 1891

Mein lieber Robert,

„Ein Schiff ohne Steuer vertraut sich den Wellen,
nicht lange, so wird es an Klippen zerschellen.
Das Meer ist das Leben, das Schifflein bist du,
die Klugheit, mein Freund, ist das Ruder dazu."

Diesen Vers, mein lieber Sohn, schrieb ich Dir vor Jahren, als Du noch in der Ausbildung warst. Vielleicht erinnerst Du dich daran? Klugheit und Wissen brauchst Du auch heute, um Deinen Betrieb in Stuttgart in eine sichere Zukunft zu steuern. Du schreibst, dass es finanziell mit Deiner Werkstätte für Feinmechanik und Elektrotechnik noch „ein böses Gewürge sei", auch wegen der Notwendigkeit, neue Maschinen anzuschaffen.

Ich vertraue auf Deine Weitsicht und bin bereit, Dir mit einem Darlehen von 13.000 Mark zu helfen. Dies auch, um Deine Familie mit den drei kleinen Kindern zu unterstützen. Ich weiß, dass Du umsichtig handelst und hoffe, die neuen Techniken mit dem elektrischen Strom bringen Dir eines Tages den gewünschten Erfolg.

Auch Deinen Vater faszinierte der technische Fortschritt. Ich weiß noch, wie Du als kleiner Junge über die erste Nähmaschine stauntest, die er mir in den 60er Jahren mitgebracht hat. Er wollte an der Gestaltung des Fortschritts teilhaben und wurde Mitglied im Eisenbahnkomitee. Die Eisenbahn, das war damals ein großes Thema! Von Stuttgart nach Ulm konnte man schon 1850 mit der Bahn fahren. Von Aalen nach Heidenheim war die Strecke 1864 fertig. Wir wussten, dass es von dort in absehbarer Zeit eine Verlängerung nach Ulm geben würde. Hätte Johann Georg noch gelebt, wären wir vielleicht in Albeck geblieben und nicht nach Ulm gezogen. Aber es war zu befürchten, dass mit der neuen Eisenbahnlinie das Geschäft mit den Fuhrleuten, die mit ihren Waren die Albecker Steige heraufkamen, bei uns übernachteten und ihre Tiere ausspannen ließen, bald vorüber wäre. Wir haben nicht gewartet bis es 1876 soweit war, sondern zogen vorher nach Ulm. Später hast Du Vater wegen dieser Entscheidung, sich so früh zur Ruhe zu setzen, kritisiert. Der Fortschritt hat eben manchmal zwei Seiten.

Ich bin dankbar für die elf schönen Jahre, die wir noch gemeinsam in der Stadt verleben durften. Hier ist es, besonders jetzt im Alter, bequemer, aber ich habe auch sehr gern auf dem Land gelebt. Gut, dass mich der Jakob noch ab und zu nach Jungingen in den Adler holt. Erinnerst Du dich, wie hoch es herging, wenn bis spät abends die Fuhrleute zum Nachtquartier eintrafen und noch ein Essen wollten? Wie viele Talglichte gezogen werden mussten, bevor die Petroleumlampen aufkamen? Oder wenn eine Bauernhochzeit bevorstand? Da musste das ganze Zinngeschirr aus den Schränken geholt und mit Schachtelhalmen geputzt werden – bis es glänzte wie Silber. Auch die Armen und Bedürftigen bekamen immer eine Mahlzeit bei uns. Es war eine geschäftige Zeit in Albeck! Oft wusste ich kaum, wo mir der Kopf stand. Dazu kamen die vielen Schwangerschaften und die Trauer um die früh verstorbenen Kinder. Noch

Maria Margaretha Bosch um 1838

schwerer wiegt der Tod Deiner erwachsenen Geschwister, die ich überlebt habe. Noch heute spüre ich einen Stich im Herzen, wenn ich daran denke.

So schließe ich mit der Hoffnung, dass mein Darlehen Dir helfen möge, Deine Geschäfte anhaltend zu verbessern.

Grüße Deine liebe Frau Anna, meine Enkel Margarete, Paula und den kleinen Robert.

Herzliche Grüße
Deine Mutter

Erla Spatz-Zöllner

MARGARETE STEIFF

1847	Geboren in Giengen an der Brenz, zwei ältere Schwestern, ein jüngerer Bruder, der Vater ist Zimmermann, die Eltern betreiben ein Baugeschäft.
1849	Kinderlähmung im Alter von 18 Monaten; trotz mehrerer Kuren und Operationen kann die Lähmung nicht geheilt werden.
1856	Medizinische Behandlung in der Kinderheilanstalt des Facharztes Dr. August Hermann Werner in Ludwigsburg und Wildbad.
1859	Besuch der Nähschule.
1861	Abschluss der Schneiderlehre.
1862	Die älteren Schwestern Marie und Pauline eröffnen im Elternhaus eine Damenschneiderei, Margarete arbeitet teilweise mit. Daraus entwickelt sich die *Nähstube Margarete Steiff*, nachdem die Schwestern aus familiären Gründen ausscheiden.
1864	Erste Nähaufträge.
1874	Ihr Vater baut das Wohnhaus um, damit eine Schneiderwerkstatt für sie entsteht.
1875	Eine Nähmaschine wird angeschafft.
1877	Sie gründet ein Filzkonfektionsgeschäft mit selbst angefertigten Konfektions- und Haushaltsartikeln. Mehrere Näherinnen werden eingestellt.
1880	Nadelkissen in der Form eines Filzelefanten werden produziert. Gründung der *Manufaktur Steiff*.
1881	Der jüngere Bruder Fritz verkauft auf dem Weihnachtsmarkt das *Elefäntle* als Kinderspielzeug: Wechsel von der Filzkonfektion zur Spielwarenproduktion.
1882	Gründung des *Filz-Sachen und Spielwarengeschäfts*.
1885	600 Elefanten werden produziert, 1886 sind es 5.000 Stück.
1890	Bruder Fritz baut ein neues Wohn- und Geschäftshaus. Die Fabrik wird zur Filz-Spielwaren-Fabrik.
1897–1906	Die fünf Neffen treten in die Firma ein.
1901	Erster Spielzeugexport in die USA; Geschäftsumsatz 190.000 RM.
1902	Richard Steiff, der Lieblingsneffe, entwickelt einen

MARGARETE STEIFF (1847–1909)

Erfolgreich trotz Behinderung

Mein erstes Spielzeug war keine Puppe, sondern ein Teddybär, kuschelig, weich, mit runden, braunen Augen und einer vorwitzigen Schnauze. Mit dem Teddy eng verknüpft ist die Erfolgsgeschichte der Firma Steiff und ihrer Gründerin.

Margarete Appolonia Steiff wächst mit drei Geschwistern im beschaulichen Städtchen Giengen auf, damals ein Ort mit etwa 2.000 Einwohnern. Kurz nach der Geburt ihres Bruders Fritz erkrankt sie an Kinderlähmung. Mutter und Vater sind vom Baugeschäft stark in Anspruch genommen, können sich nicht ausschließlich um das behinderte Kind kümmern. Dennoch bieten sie dem *Gretle* ein behütetes Zuhause, wobei die ganze Familie ebenso behilflich ist wie die fürsorgliche Dorfgemeinschaft. Immer findet sich jemand, der den Rollstuhl auf die Straße bringt oder sie aufs Feld mit hinaus nimmt.

Margarete bewertet ihre Erkrankung nüchtern und realistisch: „Ich konnte nicht mehr gehen, mein linker Fuß war vollständig, der rechte teilweise gelähmt, und der rechte Arm sehr geschwächt. Im Übrigen blieb ich von da an stets gesund, hatte auch wenig an den üblichen Kinderkrankheiten zu leiden." Im Alter von 18 Jahren hat sie die Hoffnung auf Heilung aufgegeben. Ihr droht damit das trostlose Schicksal einer unverheirateten Frau auf dem Lande, behindert und in vollständiger Abhängigkeit von der Familie. Deshalb nimmt sie ihr Schicksal selbst in die Hand und versucht, Hilfe von anderen durch eigene Leistungen zu entgelten. Sie macht sich nützlich, indem sie Kinder betreut, Geschichten erzählt oder Zither spielt. Auch führt sie kleine Handarbeiten aus, wie Hüte nähen

Wilhelm II. bestellt für seine Enkelkinder bei Steiff, Giengen 1911

oder Häkeln, wobei ihr wegen des geschwächten rechten Armes die Näharbeiten besonders schwerfallen.

Gerade Näharbeiten boten damals für ungelernte Frauen, die zu Hause bleiben mussten, die einzige Möglichkeit, etwas dazuzuverdienen. Deshalb setzt sie einen Besuch in der Nähschule bei ihren Eltern durch. Margarete macht in der Näherei solche Fortschritte, dass der Vater ihr im Wohnhaus in der Ledergasse eine Schneiderei einrichtet. Die Nähaufträge mehren sich, besonders für Aussteuerwäsche. Mit ihren beiden Schwestern zusammen hat sie schließlich so viel Arbeit und Einnahmen, dass eine Nähmaschine angeschafft wird. Margarete wagt sich damit an eine revolutionäre technische Neuerung, denn Nähmaschinen werden erst seit 1854 großtechnisch hergestellt. Allerdings kann sie die in Frankfurt georderte Nähmaschine wegen ihres geschwächten rechten Armes zunächst nicht bedienen. Die kluge Frau weiß sich jedoch zu helfen und dreht die Maschine einfach um. Das Wagnis der Anschaffung zahlt sich aus. Die Auftragslage erlaubt bald,

neben der Aussteuerwäsche auch Filznäharbeiten anzufertigen. Es müssen mehrere Näherinnen eingestellt werden. Der Wechsel von Nähgut auf Filzwarenfertigung erweist sich als eine sehr erfolgreiche Geschäftsidee. Ein zweiter Wechsel ist ebenso entscheidend: Margarete entdeckt den Spielwarenmarkt. Der als Nadelkissen gefertigte Filzelefant ist als Spielzeug wesentlich besser an die Käufer zu bringen. Der große Durchbruch gelingt schließlich mit der Fertigung eines Bären, nicht aus Filz, sondern aus Mohairplüsch. Dieses *Bärle* wird später Teddybär genannt und um die Jahrhundertwende erstmals in die USA exportiert.

Damit steigt Margarete kometenhaft von der tüchtigen Näherin zur erfolgreichen Unternehmerin auf. Mit enormer Willenskraft und Zielstrebigkeit, die sie schon in jungen Jahren zeigt, geht sie diesen Weg, trotz der Behinderung, ohne eine kaufmännische Ausbildung oder Fremdsprachenunterricht erhalten zu haben. Dabei bleibt sie bescheiden. Mit menschlicher Wärme und Diplomatie, gepaart mit Geschäftssinn, führt sie die Firma und bezieht ihre Familie

Bären aus Mohairplüsch mit beweglichen Armen (spätere Bezeichnung: Teddybär).

1903 Erster Bär auf der Leipziger Frühjahrsmesse; beispielloser Verkaufserfolg in den USA.

1904 Franz Steiff erfindet das Markenzeichen, den Knopf im Ohr. 12.000 Steiffbären werden verkauft.

1906 Gründung der *Margarete Steiff GmbH*.

1907 Das große Teddyjahr: Umsatz 1,7 Millionen RM; 400 Arbeiter, 1.800 Heimarbeiterinnen stellen 973.999 Teddybären (90 Prozent für die USA) und 1,7 Millionen Spielartikel her.

1909 Tod mit 61 Jahren in Giengen an der Brenz aufgrund einer Lungenentzündung.

2005 Firmenjubiläum 125 Jahre Steiff.

Heute wird ein gut erhaltener Bär aus den Anfängen der Firma wie ein wertvolles Gemälde auf dem internationalen Sammlermarkt mit bis zu 150.000 Euro gehandelt.

mit ein. Der geliebte Bruder Fritz sowie später die Nichten und Neffen übernehmen das Unternehmen mit Engagement und führen es erfolgreich weiter.

Jahrzehnte einer starken beruflichen Belastung und ihre Behinderung zehren ihre Kräfte auf. Einer Lungenentzündung hat sie nichts mehr entgegenzusetzen. Sie stirbt bereits mit 61 Jahren.

Wie hat Margarete Steiff ihr schweres Schicksal meistern können? Bei ihr verbinden sich wacher, auch rebellischer Geist mit Willenskraft, Ausdauer und Leidensfähigkeit. Sie lässt sich durch Misserfolg nicht entmutigen und sie hat den Mut, neue Wege zu gehen. Sie bleibt trotz ihres geschäftlichen Erfolgs menschlich und bescheiden – ein Vorbild.

Barbara Heinze

Bär 55PB, der Vorläufer des Teddybärs

Ulm Einsingen

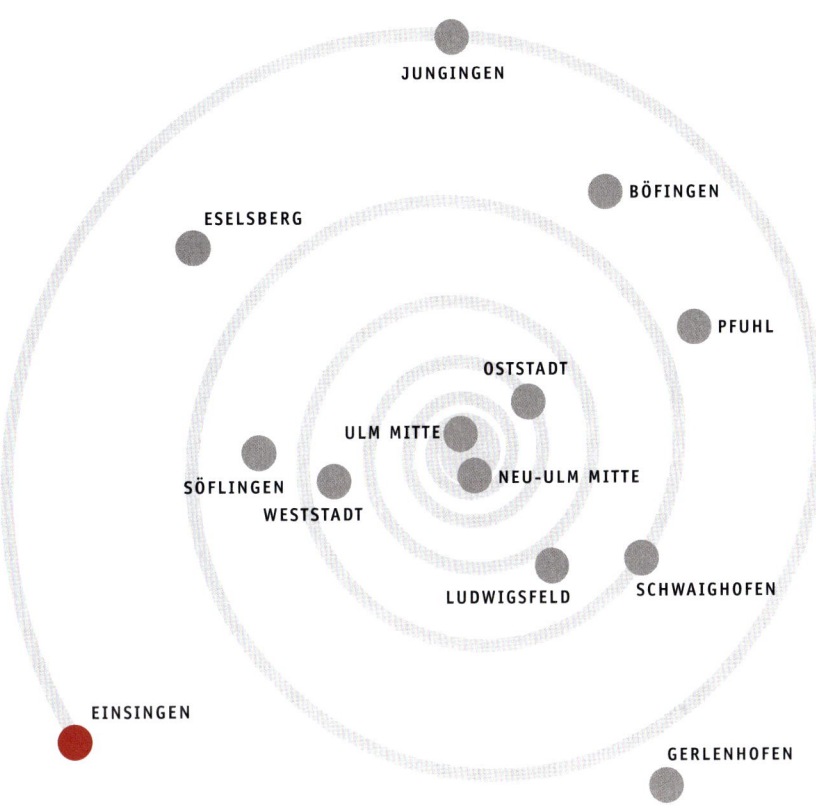

JUNGINGEN

BÖFINGEN

ESELSBERG

PFUHL

OSTSTADT

ULM MITTE

SÖFLINGEN

NEU-ULM MITTE

WESTSTADT

LUDWIGSFELD

SCHWAIGHOFEN

EINSINGEN

GERLENHOFEN

HEILIGE KATHARINA VON ALEXANDRIEN (UM 300)

HEILIGE KATHARINA VON ALEXANDRIEN (UM 300)

Die heilige Katharina – Felix Fabris geliebte Braut

HEILIGE KATHARINA VON ALEXANDRIEN

Um 300 bewarb sich des Kaisers Sohn um die kluge Königstochter Katharina von Zypern, die damals in Alexandrien lebte. Die junge Frau empfand, dass der Freier ihr weder an Adel, Schönheit, Reichtum und Weisheit ebenbürtig wäre. Katharina ersuchte Maria, die Muttergottes, um Hilfe. Diese entgegnete, Katharina solle sich zuerst taufen lassen. Im Traum erlebte sie daraufhin, wie sie durch Jesus getauft wurde. Wenig später lud Kaiser Maxentius aus Alexandrien Katharina zu einem kaiserlichen Opferfest ein. Er ließ fünfzig Philosophen kommen, die Katharina vom rechten Glauben überzeugen sollten. Dieses gelang den klugen Männern nicht. Im Gegenteil, Katharina bekehrte sie alle zum Christentum. Daraufhin bestrafte sie der Kaiser allesamt mit Kerker und Feuertod. Während des Kerkeraufenthalts wurde Katharina von der Kaiserin aufgesucht. Auch sie wurde von der Wahrheit des Christentums überzeugt und mit ihr zweihundert Ritter aus ihrem Gefolge. Aber der Kaiser ließ sie ohne Ausnahme martern. Katharina wurde auf ein Rad geflochten, das mit spitzen Messern und scharfen Nägeln beschlagen war. Doch ein Blitzschlag erschlug den Henker und zerstörte das Rad. Wutentbrannt ergriff der Kaiser sein Schwert und schlug Katharina das Haupt ab. Da erschienen weiße Engel, ergriffen Katharinas Leib und schwebten mit ihm auf den Berg Sinai. Dort legten sie ihn in ein zierliches Grab aus Marmorstein. Soweit die Legende.

548–565 wurde das Katharinenkloster auf dem Mosesberg auf der Halbinsel Sinai in Ägypten erbaut. Das Kloster, in dem die Gebeine der Heiligen aufbewahrt werden, liegt auf etwa 1500 Metern Höhe in einer unwirtlichen Region.

Ab 12. Jh. ist Katharina in zahlreichen Darstellungen präsent. Ihre Attribute sind Krone, fürstliche Kleidung, beigefügtes Rad oder Teile davon, Schwert, auch Palmen und unter ihren Füßen mehrere besiegte Philosophen.

Die Heilige Katharina von Alexandrien war über Jahrhunderte – nach Maria – eine der populärsten Heiligen. Sie wurde seit den Kreuzzügen verehrt. Ihr Gedenktag ist am 25. November.

Seit dem Auftreten der heiligen Katharina von Siena (1340 bis 1380, sanktioniert 1461) werden beide ab dem 15. Jahrhundert miteinander verwechselt.

Wir suchen nach den Spuren der heiligen Katharina in Ulm. Die Skizze vom Katharinenberg mit dem Sinai aus dem Reisebericht Felix Fabris könnte ein Hinweis sein. Denn die Heilige war zur Zeit des reiselustigen Dominikanermönches in Ulm überall präsent. Aber der Ulmer Katharinenberg ist 1869 der Königin von Württemberg gewidmet worden, nicht ihrer Namenspatronin, obwohl man meinen könnte, ihr stünde die Bezeichnung besser an. Stand doch auf der Höhe des Weinhofs einmal die Königspfalz mit der Heiligkreuzkapelle. Dort hatten sich einst die Ritter versammelt, um nach dem erheischten Reisesegen im Namen der heiligen Katharina ins Heilige Land zu ziehen. Auch der Ulmer Mönch Fabri war dorthin unterwegs und schildert seine Erlebnisse auf über tausend Buchseiten in seiner Handschrift:

„Endlich gelangten wir mit Gottes Hilfe auf den Gipfel des Berges Sinai zum Engelsgrab der hochseligen Heiligen Jungfrau Katharina. Wir warfen uns nieder und küssten in frommer Andacht die Stätte, wohin ihr heiliger Leib von Engeln getragen worden war und empfingen Ablass, nachdem wir zuvor gesungen hatten." Dort „ruht meine allerliebste Braut, die Heilige Katharina", erzählt der fromme Mann weiter, denn sie war ihm in seiner Jugendzeit anverlobt worden, weil er sie durch das heilige Los erwählt hatte. Am Festtag dieser Jungfrau im Jahr 1452 hatte Felix Fabri „der Weltliebe entsagt und die Ordenstracht der Predigerbrüder angenommen" und das Jahr darauf sein Gelübde bestätigen lassen.

Der gottselige Ruf der heiligen Katharina ging einstens von Alexandrien aus. Dort bestand die tapfere Frau einen

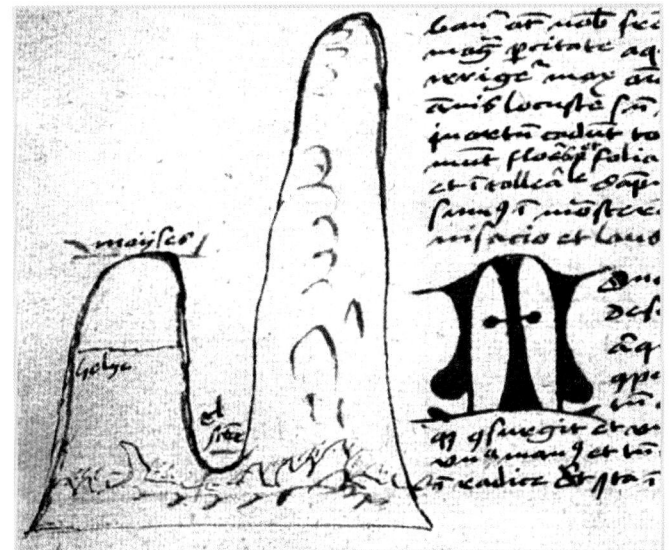

Skizze vom Katharinenberg und dem Sinai, gezeichnet von Felix Fabri um 1482

Disput mit fünfzig heidnischen Philosophen aufgrund ihrer christlichen Überzeugung. Deshalb wurde sie zu Tode gemartert. Engel legten ihren Leichnam auf dem Berg Sinai zur letzten Ruhe. Christliche Kreuzfahrer der Stauferzeit führten die Legenden der standhaften Jungfrau Katharina in ihren schwäbischen Heimatorten ein, worauf sie rasch große Verbreitung erfuhren. Schon die Urkirche *ennet feld* in Ulm besaß einen Katharinenaltar, der feierlich in die neue Pfarrkirche, ins Münster, übertragen wurde. Dort war St. Katharinen bereits an sechs Altären vertreten. Über dem Hauptportal befindet sich noch heute ein Standbild der heiligen Katharina mit Rad und Schwert und – wie so oft links neben ihr – die Madonna.

Im Feld, also außerhalb der Stadtbefestigung, richteten die Kreuzritter ihr zu Ehren ein *Spital der Reichen Siechen zu St. Katharina* ein. Denn zusammen mit den abenteuerlustigen Wallfahrern zogen neue, grässlich ansteckende Krankheiten aus dem Morgenland ein. Bald wurde die heilige Katharina zur Schutzherrin aller Arten von unheilbaren Leiden wie Lepra, Pest und Cholera. Chronische Krankheiten waren nach damaliger Auffassung in jedem Fall unrein. Das Wort *Katharina* aber bedeutet in unserer Sprache Reinheit. Somit stand der heiligen Katharina die Rolle der Heilerin im weitesten Sinne zu. Im Laufe der Zeit gesellten sich ihr die heiligen Frauen Barbara und Margareta zu und zu dritt stellten sie sich den Bittstellern als Nothelferinnen für alle Fälle zur Verfügung.

Das Spital der *Reichen Siechen zu St. Katharina* ging im 16. Jahrhundert mit dem bereits bestehenden Heiliggeist-Spital, einer Gründung der Augustiner-Chorherren, zusammen und wurde somit am linken Donauufer im Osten Ulms zur mächtigen und bedeutenden Institution eines erneuerten und zukunftsträchtigen Wohlfahrtssystems.

Auch die Kirchengemeinde im Vorort Einsingen besaß eine Kapelle der heiligen Katharina, die 1363 erstmals erwähnt wurde. Das Kloster Söflingen, als Patron der Kirche in Harthausen, behielt in ihrem Filialort Einsingen ein Präsentationsrecht. 1410 wurde die Katharinenkirche erbaut und 1938 unter Erhalt des gotischen Chors und des Turms zur heutigen Gestalt erneuert. Als Abzweigung von der Haupt- bzw. Ensostraße führt die Katharinenstraße von der Kirche aus zum Friedhof.

Ursula Bischoff

Autorinnenporträts

Ursula Bischoff, in Kriegszeiten in Ulm geboren, ist in drei Berufen ausgebildet und beschäftigt gewesen. Sie arbeitete als Kaufmannsgehilfin, Verlagsbuchhändlerin und Lehrerin. Seit vielen Jahren engagiert sie sich beim ZAWiW an der Uni Ulm.

Erdmute Dietmann-Beckert wuchs in Hessen auf und arbeitete viele Jahre als Lehrerin in Ulm. Seit ihrer Jugend interessieren sie Biografien von außerordentlichen Menschen.

Jutta Gotthardt, geboren 1934 in Puerto Montt (Chile), ließ sich zur Krankenschwester und Lehrerin für Pflegeberufe ausbilden und lebte immer wieder für längere Zeit im Ausland. Seit ihrer Kindheit hat sie Spaß am Schreiben.

Barbara Heinze, geboren 1946, ist im Saarland aufgewachsen und lebt seit 23 Jahren in Ulm. Nach vielen Jahren des rein wissenschaftlichen Arbeitens genießt sie es, sich im Vorruhestand den Dingen widmen zu können, die sie bereits seit ihrer Jugend interessieren: Biografien im Allgemeinen, Frauenschicksale im Besonderen.

Ulrike Iffland, geboren 1944, pensionierte Lehrerin, war fast zwölf Jahre Gemeinderätin in Illerkirchberg. Frauen, die etwas bewirken, haben sie schon immer angesprochen, weil sie aus Erfahrung weiß, was es bedeutet, für eine Gemeinde etwas zu bewegen.

Monika van Koolwijk, die gebürtige Berlinerin fühlt sich seit 1964 im Schwabenland zu Hause. Seit ihrer Pensionierung vor fünf Jahren hat sie Zeit für ihre bereits lang gepflegten Interessen: Kunst und Geschichte.

Brigitte Nguyen-Duong, 68 Jahre, vier Kinder, ist freie Wirtschaftsübersetzerin im Ruhestand und lebt seit fast 40 Jahren in Ulm. Sie engagiert sich von Anfang an beim ZAWiW an der Uni Ulm in verschiedenen Arbeitskreisen.

Dr. med. Erla Spatz-Zöllner, Jahrgang 1941, lebte 33 Jahre in Ulm, jetzt in Blaubeuren. Sie ist Kinderärztin im Ruhestand. Schon als Schülerin interessierte sie sich für Geschichte und ist dem ZAWiW seit vielen Jahren verbunden.

Andrea Toll, 40, ist freie Journalistin, Texterin und Lektorin. Bereits während des Germanistikstudiums beschäftigte sie sich mit Frauengeschichte und -literatur. 2004 machte sie sich mit der *textwerkstatt andrea toll* selbstständig.

Agathe Wende, Jahrgang 1930, ist Übersetzerin. Nach der Familienphase arbeitete sie als Kursleiterein und gab Englisch an der Volkshochschule Ulm. Seit Beginn des ZAWiW engagiert sie sich dort, u. a. beim Projekt *Willy-Brandt-Platz* und beim Preisausschreiben *Kojala Jung-Alt*, die beide mit einem Preis ausgezeichnet wurden.

Mona Willmann, in Süddeutschland aufgewachsen, führte ein unruhiges Leben, sowohl beruflich als auch familiär bedingt. Sie lebte in vielen Großstädten Deutschlands, seit zwanzig Jahren jedoch am Bodensee. Vorrangiges Interesse gilt Frauenthemen, Sozialfragen und Themen aus der bildenden Kunst.

Dr. Uta Wittich, Humanbiologin im Ruhestand, lebt seit 30 Jahren in Ulm und engagiert sich seit 20 Jahren in den Bereichen Frauengeschichte und Frauenpolitik. Es ist ihr seitdem ein Anliegen, darüber zu informieren, dass Frauen zu allen Zeiten weit mehr bewegt haben als heute bekannt ist und für möglich gehalten wird.

Danke!

Von vielen Seiten erhielt unser Arbeitskreis *Frauenge-schichte* hilfreiche Unterstützung, ohne die das Buch *Eigenwillig und couragiert. Wegweisende Frauen in Ulm und Neu-Ulm* nicht entstanden wäre. Ihnen allen gilt unser herzlicher Dank.

Die großzügige finanzielle Unterstützung der Sponsoren, vor allem von der Bürgerstiftung Ulm, machte das Projekt erst möglich. Dafür bedanken wir uns bei

der Bürgerstiftung Ulm,

der Bürgerstiftung Neu-Ulm,

der Stadt Neu-Ulm,

dem ZAWiW-Förderkreis,

dem Frauenbüro Ulm,

der Brauerei Gold Ochsen Ulm,

Intersport Klamser Ulm.

Unterstützung erhielten wir ebenfalls von den Mitarbeitern und Mitarbeiterinnen des Stadtarchivs Ulm, des Stadtarchivs Neu-Ulm, des Archivs der Wieland-Werke Ulm, des Vermessungsamts Ulm sowie des Evangelischen Pfarramts der Gemeinde Göttingen-Albeck, wofür wir uns sehr bedanken.

Dieter Gräter, Dr. Barbara Maier, Dr. Ute Quast, dem Universitätsarchiv Göttingen, Ilse Sponsel, Peter Roquette, der Robert Bosch GmbH Stuttgart, der Heilandskirche Stuttgart, dem Deutschen Historischen Museum Berlin und vielen anderen danken wir dafür, dass sie uns Bild- und Fotomaterial kostenlos zur Verfügung gestellt haben.

Gabriele Stautner, artifox Kommunikationsdesign, war für die grafische Gestaltung verantwortlich und beriet uns konzeptionell. Hierfür ganz herzlichen Dank.

Arbeitskreis *Frauengeschichte* am ZAWiW
Ursula Bischoff, Erdmute Dietmann-Beckert, Jutta Gott-hardt, Barbara Heinze, Ulrike Iffland, Monika van Koolwijk, Brigitte Nguyen-Duong, Erla Spatz-Zöllner, Andrea Toll (Arbeitskreisleiterin), Agathe Wende und Mona Willmann

Literaturverzeichnis
(alphabetisch nach Straßennamen sortiert)

Äbtissin-Rampf-Weg

Frank, Karl Suso. Das Klarissenkloster Söflingen. In: Specker, Hans Eugen (Hrsg.), Forschungen zur Geschichte der Stadt Ulm. Stadtarchiv Ulm, Ulm 1980.

Petershagen, Wolf-Henning (Hrsg.). „Ja, was fangt ma jetzt mit eis a?" Vorstadt Söflingen. Ulms eigenwilliger Stadtteil. Ulm 2005.

Specker, Hans Eugen/Tüchle Hermann (Hrsg). Kirchen und Klöster in Ulm. Ein Beitrag zum katholischen Leben in Ulm und Neu-Ulm von den Anfängen bis zur Gegenwart. Ulm 1979.

Der Stadtkreis Ulm. Amtliche Kreisbeschreibung. Landesarchivdirektion Baden-Württemberg in Verbindung mit der Stadt Ulm. 1977.

Adelheidweg

Allgemeine Deutsche Biographie. Bd. 1, Berlin 1967. Steindorff, Ernst. Adelheid. S. 75ff.

Der große Brockhaus, Bd. 1, Adelheid, S. 64, Otto I., Bd. 8, S. 658, Wiesbaden 1955.

www.heiligenlexikon.de/BiographienA/Adelheid.htm. (Stand 15.10.2008)

www.wikipedia.org/wiki/Adelheid_von_Burgund%28HRR%29. (Stand 15.10.2008)

www.mittelalter-genealogie.de/bosoniden_hugoniden/adelheid_von _hochburgund. (Stand 15.11.2008)

Afraweg

Lexikon der Heiligen und der Heiligenverehrung. Bd. 1. Freiburg 2003. Afra von Augsburg, S. 29ff.

Weitlauff, Manfred. Afra, die Schwäbische Magdalena. In: Langer, Michael (Hrsg.). Licht der Erde, die Heiligen. München 2006, S. 164ff.

Leicht, Hans D., Heilige in Bayern. Lebensbilder von Afra bis Wunibald. München 1993, S. 36ff.

www.heiligenlexikon.de/BiographienA/Afrahtm (Stand März 2003).

www.erzbistum-muenchen.de (Stand 29.01.09).

http://www.bistum-augsburg.de (Stand 29.01.09).

Agathe-Streicher-Weg

Schulz, Ilse. Verwehte Spuren. Frauen in der Stadtgeschichte. Ulm 2005.

Dies., Kreditbrief der Ärztin Agathe Streicher. In: Ulmer Museum (Hrsg.), Ulmer Bürgerinnen, Söflinger Klosterfrauen in reichsstädtischer Zeit. Ulm 2003, S. 70ff.

Sporhan-Krempel, Lore. Agathe Streicher, In: Noelle-Neumann, Elisabeth (Hrsg.). Elisabeth. Baden-Württembergische Portraits. Stuttgart 2000, S. 16ff.

Dies., „Agathe Streicher – die Ärztin von Ulm". Südwest Presse (10.04.1958).

Fries, Silke. „Ihr berühmtester Patient war Kaiser Maximilian II". Südwest Presse (17.07.1988).

Richter, Fritz. K., Schwenckfeld`s Ulm Physician, Agathe Streicher, York, Maine 1980.

Doktorin Agathe Streicher, Ulms erste Ärztin (ohne weitere Angaben).

Die Streicherin Sekte in der Ulmer Sattlergasse um 1570 (ohne weitere Angaben).

Agnes-Karll-Weg

Blunck, Helene. Festschrift Agnes Karll zum 100. Geburtstag 1968. Ihr Leben und Wirken. (o. O.).

Sticker, Anna. Agnes Karll, die Reformerin der deutschen Krankenpflege. 2. Aufl., Wuppertal 1977.

http://de.wikipedia.org/wiki/Agnes_Karll (Stand 27.01.2009)

Anne-Frank-Weg

Frank, Anne. Das Tagebuch der Anne Frank. Vom 12. Juni 1942 bis 1. August 1944. Mit einer Einführung von Marie Baum. Heidelberg 1979/1981.

Dies., Geschichten und Ereignisse aus dem Hinterhaus. Frankfurt a. M. 1994.

Gies, Miep. Meine Zeit mit Anne Frank. München 1999.

Heye, Matthias. Anne Frank. Hamburg 2002.

Lee, Carol Ann. Anne Frank. Die Biographie. München 2000.

Metselaar, Menno. Die Geschichte der Anne Frank. Hamburg 2005.

„Stütze für Anne Franks Baum". Südwest Presse (08.04.2008).

„Eine Kastanie in Amsterdam muss gefällt werden". Frankfurter Rundschau (17.11.2006).

Barbara-Kluntz-Weg

Beck, Gertrud. „Blick auf ein musikalisches Zentrum Ulm im 18. Jahrhundert". Schwäbische Zeitung 296 (23.12.1972).

Dies., Barbara Kluntz. In: Ulmer Museum. Das Kunstwerk des Monats November 1985. Ulm 1985.

Börchers, Kirstin/Blocherer, Svenja. Ulmer Frauen haben eine Geschichte. Mössingen 1992, S. 71.

Dech, Christiane. Barbara Kluntz – erfolgreiche Musikpädagogin und Komponistin. In: Reinhardt, Brigitte/Schulz, Ilse (Hrsg.). Ulmer Bürgerinnen, Söflinger Klosterfrauen in reichsstädtischer Zeit. Ulm 2003, S. 23ff.

Schulz, Ilse. Verwehte Spuren. Ulm 1998, S. 34f.

Beginenweg

Fössel, Amalie/Hettinger, Anette. Klosterfrauen, Beginen, Ketzerinnen. Religiöse Lebensformen von Frauen im Mittelalter. Historisches Seminar. Bd. 12, Idstein 2000.

Schulz, Ilse. Schwestern, Beginen, Meisterinnen. Töchter im Gesundheitswesen einer Stadt. Ulm 1992.

Dies., Verwehte Spuren. Ulm 1998.

Dies., Vortrag im Begleitprogramm der Ausstellung Ulmer Bürgerinnen Söflinger Klosterfrauen. Museum Ulm, November 2003.

Zimmermann, Wolfgang/Priesching, Nicole (Hrsg.). Württembergisches Klosterbuch. Ostfildern 2003.

Ulmische Blätter, Heimatliche Geschichte und Denkmalpflege (18.11.1924, Jg. 1, Nr. 2).

Betty-Friedan-Ring

Friedan, Betty. Der Weiblichkeitswahn. Reinbek bei Hamburg 1966.

Dies., Das hat mein Leben verändert. Beiträge und Reflexionen zur Frauenbewegung. Reinbek bei Hamburg 1982.

Dies., Mythos Alter. Reinbek bei Hamburg 1993.

http://de.wikipedia.org/wiki/Betty_Friedan (Stand 23.01.09)

www.Frauennews.de/themen/friedan.htm (Stand 29.01.09)

Cäcilie-Auer-Weg

Schulz, Ilse. Verwehte Spuren. Ulm 1998.

Weyermann, Albrecht. Nachrichten von Gelehrten und Künstlern. Ulm 1829.

Clara-Barton-Straße

www.wikipedia.org/clara barton (Stand 15.4.08)

Clarissenstraße

Frank, Karl Suso. Das Klarissenkloster Söflingen bis zur Aufhebung 1803. In: Kirchen und Klöster in Ulm. Ein Beitrag zum katholischen Leben in Ulm und Neu-Ulm von den Anfängen bis zur Gegenwart. Ulm 1979.

Höhn, Karl. (Hrsg.). Ulmer Bilder-Chronik. Bd. 1. Die Zeit von der Gründung bis zum Jahre 1848, sowie die Jahre 1927 und 1928. Darin: Schultes, D. A., Chronik von Ulm 1450 bis 1517. Ulm 1929.

Miller, Max. Die Söflinger Briefe und das Klarissenkloster. Söflingen bei Ulm im Spätmittelalter. Würzburg-Aumühle 1940.

Schulz, Ilse. Frauen und Pilgerinnen im Werk von Felix Fabri 1441–1502. Begegnungen im Abend- und im Morgenland. Ulm 2007.

Stievermann, Dieter. Herzog Eberhard im Bart (1459–1496). Stuttgart 1984.

Ders., Das Haus Württemberg und die Klöster vor der Reformation. In: 900 Jahre Haus Württemberg. Leben und Leistung für Land und Volk. Stuttgart 1984.

Tüchle, Hermann. Kirchengeschichte Schwabens. Bd. 2, Stuttgart 1954.

Edith-Stein-Ring
Edith-Stein-Straße
Albert, Karl. Philosophie im Schatten von Auschwitz. Dettelbach 1994.
Batzdorff, Susanne M. Edith Stein – meine Tante. Würzburg 2000.
Feldmann, Christian. Edith Stein. Hamburg 2004.
Fuchs, Gotthard (Hrsg.). Glaube als Widerstandskraft. Frankfurt a. M. 1986.
Herbstrith, Waltraud. Das wahre Gesicht Edith Steins. Aschaffenburg 1983.
Reifenrath, Bruno H. Erziehung im Lichte des Ewigen. Frankfurt a. M. 1985.
Teresia Renata de Spiritu Sancto. Edith Stein. Ein Lebensbild. Nürnberg 1952.
Wetter, Friedrich. Edith Stein. München 1998.
Wimmer, Reiner. Vier jüdische Philosophinnen. Edith Stein. Stuttgart 1999, S. 219ff.

Elisabethenstraße
Cremer, Barbara. Elisabeth, die lebensfrohe Wohltäterin. In: Langer, Michael (Hrsg.). Licht der Erde. Die Heiligen. München 2006, S. 337ff.
Reber, Ortrud. Elisabeth von Thüringen, Landgräfin und Heilige. Eine Biographie. Regensburg 2006.
Zimmermann, Helmut/Bieger, Eckhard. Elisabeth. Heilige der christlichen Nächstenliebe. München 2006.
www.heiligenlexikon.de/BiographienE/Elisabeth_von_Thueringen.htm (Stand 12.02.2008)

Elsa-Brandström-Straße
Elsa-Brandström-Weg
Seibert, Gerd/Wendelberger, Erhard (Hrsg.). Lexikon 2000. Das große Nachschlagewerk in Wort und Bild, Bd. 3, Weinheim 1983.
Warburg, Eric M. Elsa Brandström zum Gedenken. In: Die Zeit, Ausgabe 11, Hamburg 1948.
http://www.zeit.de/archiv (Stand 31.01.2009)
www.gym-elsa-ob.de (Stand 31.01.2009)
www.drk.de/generalsekretariat (Stand 31.01.2009)

Emmi-Noether-Straße
Brewer, James W./Smith, Martha K. (Hrsg.). Emmy Noether. A Tribute to Her Life and Work. New York & Basel 1981. (Universitätsbibliothek Ulm).
Dick, Auguste. Emmy Noether (1882–1935). Beiheft Nr. 13 zur Zeitschrift: Elemente der Mathematik. Basel & Stuttgart 1970. (Auguste Dick konnte noch viele Zeitzeuginnen befragen.)
Noether, Emmy. Gesammelte Abhandlungen. Collected Papers. Berlin, Heidelberg, New York & Tokyo 1983. (Universitätsbibliothek Ulm).
Roquette, Peter. Zu Emmy Noethers Geburtstag. Einige neue Noetheriana. In: Mitteilungen der DMV (Deutsche Mathematiker-Vereinigung), Bd. 15, 2007, S. 15ff. Peter Roquette: www.rzuser.uni-heidelberg.de/~ci3/manu.html (Stand 12.08.2008)
Tollmien, Cordula. Emmy Noether. „Die größte Mathematikerin, die jemals gelebt hat". In: Weber-Reich, Traudel (Hrsg.). Des Kennenlernens werth. Bedeutende Frauen Göttingens. Göttingen 1995, S. 227ff.
Dies. „Die Algebra hat ein anderes Gesicht bekommen" – die Mathematikerin Emmy Noether (1882–1935). Göttingen (in Vorbereitung).
www.mathematikerinnen.de/noether.html (Stand 18.07.2008)
Quelle des Titel-Zitats:
Waerden van der, Bartel L. Nachruf auf Emmy Noether. In: Mathematische Annalen, Bd. 111, 1935, S. 469–474. (abgedruckt in: Dick, Auguste. Emmy Noether (1882–1935). S. o.

Frauenstraße
Der Stadtkreis Ulm (Hrsg.). Amtliche Kreisbeschreibung. Ulm 1977, S. 727ff.
Petershagen, Henning. „Ulm im Spiegel seiner Straßennamen". Südwest Presse, 16 Folgen, erster Artikel am 26.07.2008.
Schäuffelen, Barbara/Feist, Joachim. Ulm. Portrait einer Stadtlandschaft. Stuttgart 1987.
Specker, Hans Eugen. Ulm Stadtgeschichte. Ulm 1977.
Ungericht, Hansmartin. Der Alte Friedhof in Ulm. Forschung zur Geschichte der Stadt Ulm, Bd. 3, Stuttgart 1980.
Adressbuch von 1954. Abteilung der Städte Ulm und Neu-Ulm und Umgebung, (S. 24) und Adressbücher der Stadt Ulm. Stadtarchiv Ulm. Stadtpläne aus dem Stadtarchiv Ulm.

Gertrud-Beck-Straße
Stadtarchiv Ulm, Akte G2 mit Zeitungsartikeln aus:
Südwest Presse Ulm, 1971–2007.
Schwäbische Zeitung, 1978–2001.
Neu-Ulmer Zeitung, 1990–1994.
Stuttgarter Zeitung, 01.08.1975.
Standesamt Ulm. Ulmer Familienregister, Bd. 98, Blatt 280.
Interviews am 08.11.2007 und 26.03.2008 mit Enkelsohn Stefan Schüz zu Gertrud Beck.

Geschwister-Scholl-Straße
siehe Hans-und-Sophie-Scholl-Platz

Grethe-Weiser-Straße
Bock, Hans-Michael (Hrsg.). Lexikon Filmschauspieler International, Bd. L bis Z, Berlin 1955.
Heinzlmeier, Adolf/Schulz, Berndt. Das Lexikon der deutschen Filmstars. Mehr als fünfhundert Biografien von damals bis heute. Frankfurt a. M. 2003.
Riess, Curt. Das gab's nur einmal. Der deutsche Film nach 1945. Bd. 5, Wien, München 1977.
http://de.wikipedia.org/wiki/Grethe_Weiser (Stand 28.01.2009)
http://www.renaissance-theater.de/cms.php?id=19 (Stand 28.01.2009)

Hans-und-Spohie-Scholl-Platz
Aicher-Scholl, Inge (Hrsg.). Sippenhaft. Nachrichten und Botschaften der Familie in der Gestapo-Haft nach der Hinrichtung von Hans und Sophie Scholl. Frankfurt a. M. 1993.
Arend, Volker. Hans und Sophie Scholl oder die Revolution des Gewissens. In: Hirschinger, Johannes (Hrsg.). Im Namen der Freiheit. Stuttgart 1975, S. 201ff.
Drobisch, Klaus (Hrsg.). Wir schweigen nicht! Eine Dokumentation über den antifaschistischen Kampf Münchner Studenten 1942/43, Berlin (Ost) 1968.
Dumbach Annette E./Newborn, J. Die Geschichte der weißen Rose. Freiburg 1994.
Hartnagel, Thomas (Hrsg.). Sophie Scholl – Fritz Hartnagel: Briefwechsel 1937–1943. Frankfurt a. M. 2005.
Hauser, Richard. Deutschland zuliebe. München 1980.
Kühne, Ulrich (Hrsg.). Mutige Menschen – Frauen und Männer mit Zivilcourage. München 2006.
Leber, Annedore. Das Gewissen steht auf. Berlin 1954.
Leisner, Barbara. Sophie Scholl. „Ich würde es genauso wieder machen." München 2000.
Lorenz, Hilke. Weiterleben als sei nichts gewesen? München 2005.
Nordblom, Pia. Hans und Sophie Scholl. In: Weber, Reinhold/Meyer, Ines (Hrsg.). Politische Köpfe in Südwestdeutschland. Stuttgart 2005, S. 190-203.
Scholl, Inge. Die Weiße Rose. Frankfurt a. M. 1982.
Steinbach, Peter/Tuchel, Johannes (Hrsg.). Widerstand in Deutschland 1933-1945. Ein historisches Lesebuch, München 1994.
Ueberschär, Gerd R. Für ein anderes Deutschland. Frankfurt a. M. 2006.
Ulmer Bilder-Chronik. Bd. 6, Ulm 1984.
Verhoeven, Michael/Krebs, Mario. Der Widerstand Münchener Studenten gegen Hitler. Frankfurt a. M. 1983.
Vinke, Hermann. Das kurze Leben der Sophie Scholl. Ravensburg 1980.
Ziegler, Armin. Widerstand in Sachen weiße Rose. Schönaich 2003.
Ders., Es ging um Freiheit! Geschichte der Widerstandsgruppe Weiße Rose. Schönaich 2005.

Helen-Keller-Straße
Behrens, Katja. Alles Sehen kommt von der Seele. Weinheim 2001.
Clevé, Evelyn. Helen Keller. Berlin 1974.
Keller, Helen. The Story of My Life. New York 1947.

Keller, Helen. Mein Weg aus dem Dunkel. Bern 1994.

Macdonald, Fiona. Helen Keller. Würzburg 1992.

Waite, E. Helen. Öffne mir das Tor zur Welt. Stuttgart 1986.

Hildegard-Knef-Platz

Ausstellung im Stadthaus Ulm vom 25.02–29.04.2007. Ausstellungskatalog: Weidner, Corinna (Hrsg.), Hildegard Knef. Mit Fotografien von Rico Puhlmann. Berlin 2003.

http://de.wikipedia.org/wiki/Hildegard_Knef (Stand 20. Juni 2008)

Hildegardstraße

Allgemeine Deutsche Biographie, Bd. 12, Dümmler, Ernst Ludwig. Hildegard. Berlin 1969, S. 406ff.

Gaiser, Horst (Hrsg.). Gerilehova. Beiträge zur Geschichte von Gerlenhofen. Neu-Ulm 1973.

www.mittelalter-genealogie.de/geroldonen/hildegardfrankenkönigin783. html. (Stand 24.11.08)

Katharinenberg

Uhland, Robert (Hrsg.). 900 Jahre Haus Württemberg. Leben und Leistung für Land und Volk. Stuttgart 1984.

Darin: Elias, Otto-Heinrich. König Wilhelm I. 1816–1864. S. 306ff.

Gönner, Eberhard. König Karl 1864–1891. S. 328ff.

Sauer, Paul. König Friedrich I. 1797–1816. S. 280ff.

Schmierer, Wolfgang. Das Haus Württemberg und sein Einfluss auf die sozialpolitische Entwicklung des Landes im 19. Jahrhundert, S. 500ff.

Weller, Karl/Weller, Arnold. Württembergische Geschichte im südwestdeutschen Raum. 6. Aufl., Stuttgart und Aalen 1971.

Katharinenstraße

Der Stadtkreis Ulm. Amtliche Kreisbeschreibung. Landesarchivdirektion Baden-Württemberg in Verbindung mit der Stadt Ulm 1977.

Fabri, Felix. Evagatorium in Terra Santae, Arabia et Egypti. Peregrinationen. Bd. 2, Hassler, Konrad Dietrich (Hrsg.). Stuttgart 1843.

Specker, Hans Eugen/Hermann Tüchle (Hrsg.). Kirchen und Klöster in Ulm. Ein Beitrag zum katholischen Leben in Ulm und Neu-Ulm von den Anfängen bis zur Gegenwart. Ulm 1979.

Muschel, Heinz. Das Spital der Reichen Siechen zu St. Katharina in Ulm. Forschungen zur Geschichte der Stadt Ulm. Bd. 5, Ulm 1965, S. 163ff.

Schulz, Ilse. Frauen und Pilgerinnen im Werk von Felix Fabri 1441–1502. Begegnungen im Abend- und im Morgenland. Ulm 2007.

Käthe-Kollwitz-Weg

Krahmer, Catherine. Käthe Kollwitz. Reinbek bei Hamburg 1981.

http://de.wikipedia.org/wiki/K%C3%A4the_Kollwitz (Stand 28.01.2009)

www.dhm.de/lemobjekte/pic/f52-2397/index.html (Stand 28.01.2009)

Lise-Meitner-Ring

Lise-Meitner-Straße

Lise Meitner zum 125. Geburtstag. Ausstellungskatalog der Staatsbibliothek. Berlin 2003.

Sime, Ruth L., Lise Meitner. Ein Leben für die Physik. Frankfurt 2001.

http://www.dhm.de/lemo/html/biografien/MeitnerLise (Stand 10.03.2008)

Margarethe-von-Wrangell-Weg

Andronikow, Wladimir. Margarethe von Wrangell. Das Leben einer Frau. München 1936.

Diegelmann, Karin, Dagmar Heymann et al. Bedeutende Naturwissenschaftlerinnen. Darmstadt 1996, S. 54.

Fellmeth, Ulrich/Hosseinzadeh, Sonja (Hrsg.). Margarete von Wrangell und andere Pionierinnen. Die ersten Frauen an den Hochschulen in Baden und Württemberg. Begleitbuch zur Ausstellung. St. Katharinen 1998.

Margarethenweg

Stadtarchiv Ulm. Artikel aus der Südwest Presse, G2 zwischen 2003 und 2004.

Mörike, Eduard. Werke und Briefe. Reuter, Hans-Heinrich (Hrsg.). 2 Bde., Leipzig 1957.

Margarethe-Steiff-Straße

Heger, Wolfgang. Das Tor zur Kindheit – Die Welt der Margarete Steiff. Giengen 1997.

Pfeiffer, Günther. 125 Jahre Steiff Firmengeschichte. Königswinter 2005.

Völker-Kraemer, Sabine. Wie ich zur Teddymutter wurde. Stuttgart 1996.

http://de.wikipedia.org/wiki/Margarete_Steiff (Stand 14.11.2007)

http://steiff.de (Stand 06.12.2007)

http://planet-wissen.de/pw/Artikel

Margareth-Mitchell-Straße

Edward, Anne. Margaret Mitchell. Der Weg nach Tara. Bergisch Gladbach 1990.

Mitchell, Margaret. Vom Winde verweht. Berlin 2000.

http://www.fembio.org/biographie.php/frau/biographie/margaret-mitchell/ (Stand 16.10.2008).

http://de.wikipedia.org/wiki/Margaret_Mitchell (Stand 01.08.2008).

Maria-Bosch-Straße

Becker, Rolf. Robert Bosch, Leben und Werk. In: Magazin zur Bosch-Geschichte, Sonderheft 1, Stuttgart 2004.

Bosch, Robert. Nachdruck aus seinen „Lebenserinnerungen" auf der Fahrt nach Südamerika. o. O. 1921. Stadtbibliothek Ulm, Magazin 43977.

Braun, Egon. Aus Albeck, dem Geburtsort von Robert Bosch. o. Ort 1936. Stadtbibliothek Ulm, Magazin 43016.

Heuss, Theodor. Robert Bosch – Leben und Leistung. Stuttgart und Tübingen 1946.

Lessing, Hans-Eberhard. Robert Bosch. Reinbek bei Hamburg 2007.

Schenck, Georg. Ahnenliste Robert Bosch 1861–1942. Stuttgart 1962.

Familienregister, 1. Band von 1811 der Gemeinde Albeck des Oberamtes Ulm im evangelischen Pfarramt von Göttingen-Albeck.

http://de.wikipedia.org/wiki/K%C3%B6niglich_W%C3%BCrttembergische_ Staats-Eisenbahnen (Stand 29.09.2008)

http://commons.wikimedia.org/wiki/Image:WuerttembergBahnlinien1864. png?uselan (Stand 25.09.2008)

http://de.wikipedia.org./wiki/Brenzbahn (Stand 06.10.2008)

Marienstraße

Merkblatt der Schwesternschaft München vom Bayerischen Roten Kreuz e.V. München (o. J.).

Schad, Martha. Bayerns Königinnen. München 2005.

www.bautz.de/bbkl/m/marie_f_h.shtml (Stand 29.01.2009)

http://www.br-online.de/bayern/einst-und-jetzt/greich-bayern-DID1188597684/koenigreich-bayern-koeniginnen-ID122458347708.xml (Stand 29.01.2008)

http://de.wikipedia.org/wiki/Marie_Friederike_von_Preu%C3%9Fen (Stand 29.01.2009)

Marlene-Dietrich-Straße

Bach, Steven. Marlene Dietrich. München 2000.

Bemmann, Helga. Marlene Dietrich. Leipzig 2000.

Dietrich, Marlene. Nehmt nur mein Leben. München 1981.

Riva, Maria. Meine Mutter Marlene. München 1994.

Salber, Linde. Marlene Dietrich. Reinbek bei Hamburg 2001.

Seydel, Renate und Bernd Meier. Marlene Dietrich. Berlin 1984.

Sudendorf, Werner. Marlene Dietrich. München 2001.

Wiebrecht, Ulrike. Blauer Engel aus Berlin. Berlin Brandenburg 2001.

http://de.wikipedia.org/wiki/Marlene_Dietrich (Stand 13.02.2008)

www.filmmuseum.de

http://osiris22.pi-consult.de/view.php3?show=5200002870726 (Stand 02.04.2008)

http://osiris22.pi-consult.de/view.php3?show=570726 (Stand 02.04.2008)

http://osiris22.pi-consult.de/view.php3?show=570728 (Stand 02.04.2008)

Filmografie:

Seydel, Renate/Meier, Bernd. Marlene Dietrich. Berlin 1984, S. 299–303.

Wiebrecht, Ulrike. Blauer Engel aus Berlin. Berlin Brandenburg 2001, S. 154f.

Mathildenstraße

Baumhauer, Hermann. Wieland. Geschichte einer Arbeitsheimat. Ulm 1991.
Schriftstücke aus dem Archiv der Wieland-Werke AG Ulm:
Brief an die Arbeiter und Dank der Arbeiter. Archivnummer 1482.
Geschäftsanzeige, Archivnummer 1484.
Festschrift zum 50-jährigen Geschäftsjubiläum. Die Wieland-Werke Ulm von ihrer Gründung bis zum Jahre 1937.

Merianweg

Kaiser, Helmut. Maria Sibylla Merian, eine Biographie. Düsseldorf/Zürich 1997.
Kerner, Charlotte. Seidenraupe, Dschungelblüte. Die Lebensgeschichte der Maria Sibylla Merian. Weinheim/Basel 1988/1998.
Merian, Maria Sibylla. Neues Blumenbuch. Darin: Vorrede und Nachwort von Thomas Bürger. Sonderausgabe München 1999, S. 81ff.
Dies., Das Insektenbuch. Metamorphosis insectorum Surinamensium. Frankfurt u. Leipzig 1991.
http://de.wikipedia.org/wiki/Anna_Maria_Sibylla_Merian (Stand 08.01.2007)

Olgaplatz
Olgastraße

Ausstellungskatalog zur Großen Landesaustellung 2006. Das Königreich Württemberg. 1806–1918. Monarchie und Moderne. Ostfildern 2006.
http://www.swr.de/nachrichten/bw/-/id=1622/nid=1622/did=1328938/1a98acd/index.html (Stand 21.02.2008)

Ottiliengasse

Adressbücher 1992 und 1999, Ulm/Neu-Ulm, VDAV-Verband, Ebner-Verlag.
Protokoll des Gemeinderats Ulm vom 31.10.1912.
Gräter, Dieter. „Ottilie Kittelmann heute 90 Jahre alt." Südwest Presse (16.12.1994).
Ders., „Die Ottiliengasse ist nach der Jubilarin benannt". Schwäbische Zeitung (16.12.1994).

Pearl-S.-Buck-Straße

Buck, Pearl S., Mein Leben – meine Welten. München 1976.
http://www.fembio.org/biographie.php/frau/biographie/pearl-s-buck/ (Stand 14.4.08).
http://de.wikipedia.org/wiki/Pearl_S._Buck (Stand 14.04.08)
http://www.nobelpreis.org/Literatur/buck.htm (Stand 14.04.08)

Resi-Weglein-Gasse

Weglein, Resi. Als Krankenschwester im KZ Theresienstadt. Erinnerungen einer Ulmer Jüdin. Mit einer Zeit- und Lebensbeschreibung versehen von Silvester Lechner und Alfred Moos (Hrsg.), 2. Aufl., Stuttgart 1990.

Romy-Schneider-Straße

Biasini, Daniel. Meine Romy. München 1998.
Botti, Giancarlo. Romy. C'est la vie. München 1992.
Dahse, Bettina. Romy. Hamburg 2002.
Jürgs, Michael. Der Fall Romy Schneider. München 1991.
Knef, Hildegard. Romy. Hamburg 1983.
Krenn, Günter. Romy Schneider. Die Biographie. Berlin 2008.
Ries, Kurt. Romy Schneider. Rastatt 1990.
Schwarzer, Alice. Romy Schneider. München 2002.
Seydel, Renate. Romy Schneider. München 1987.
Steinbauer, Marie Louise. Die andere Romy. München 1999.

Sammlungsgasse

Börchers, Kirstin/Blocherer, Svenja. Ulmer Frauen haben eine Geschichte. Mössingen 1992.
Die Ulmer Sammlung 1230–1808. Religiöse Frauengemeinschaft – Schwestern oder Beginen genannt. Zentralstelle Öffentlichkeitsarbeit und Repräsentation Stadt Ulm (Hrsg.). Stadt Ulm – Informationen (Faltblatt). Ulm 2006.
Schulz, Ilse. Verwehte Spuren. Frauen in der Stadtgeschichte. Ulm 1998.
Dies., Die Ulmer Sammlung (ca. 1230–1808). Eine religiöse Lebensgemeinschaft von Frauen und ein erfolgreiches

Wirtschaftsunternehmen. In: Reinhardt, Brigitte/Schulz, Ilse (Hrsg.). Ulmer Bürgerinnen, Söflinger Klosterfrauen in reichsstädtischer Zeit. Ulm 2003, S. 15ff.
Schulz, Ilse. Bürgerinnen einer Stadt - Engagierte Frauen aus dem reichsstädtischen Ulm an der Donau. In: Spirale der Zeit Nr. 3., Bonn 2008, S. 30ff.
Zentrum für Allgemeine Wissenschaftliche Weiterbildung (Hrsg.) Ulm erleben – Ulmer Leben. Ulm 2004, S. 47.

Selbertstraße

Böttger, Barbara. Das Recht auf Gleichheit und Differenz. Elisabeth Selbert und der Kampf der Frauen um GG Art. 3. (Dokumente und Originalbeiträge sowie ein Interview mit E. Selbert). Münster 1990.
Dertinger, Antje. Elisabeth Selbert. Eine Kurzbiographie. Wiesbaden 1989.
Hess. Landesregierung (Hrsg.). Ein Glücksfall für die Demokratie – Elisabeth Selbert 1896–1986. Die große Anwältin der Gleichberechtigung. Frankfurt M. 1999. Darin: Börner, Holger. Erinnerungen an eine große Sozialdemokratin: Elisabeth Selbert. S. 189ff.
Drummer, Heike/Zwilling, Jutta. Elisabeth Selbert. Eine Biographie. S. 9ff.
Kuhn, Annette. Das politische Vermächtnis der Elisabeth Selbert. S. 198ff.
Limbach, Jutta. Elisabeth Selbert und ihre Sternstunde im Parlamentarischen Rat am 18. Januar 1949. S. 239ff.
Meyer, Birgit. Von den Müttern lernen. Politikerinnen im Nachkriegsdeutschland und heute. S. 249ff.

St.-Barbara-Straße

Brockhaus Konversations-Lexikon. Bd. 2, 14. Aufl., Leipzig 1901, S. 376.
Brockhaus Konversations-Lexikon. Bd. 2, 19. Aufl., Mannheim 1987, S. 566.
Melchers, Carlo. Das große Buch der Heiligen. 8. Aufl., München 1985, S. 183f.
Reclams Lexikon der Heiligen und der biblischen Gestalten - Legende und Darstellung in der bildenden Kunst. Keller, Hiltgart L. (Hrsg.), 2. Aufl., Stuttgart 1970, S. 59f.
Scharfe, Martin. Evangelische Andachtsbilder. Studien zu Intention und Funktion des Bildes in der Frömmigkeitsgeschichte vornehmlich des schwäbischen Raumes. Stuttgart 1968.
http://www.bautz.de/bbkl/b/barbara.shtml (Stand 23.10.07)
http://www.wikipedia.org/wiki/Barbara_von_Nikomedien (Stand 23.10.2007)

Susan-Sontag-Ring

Friedenspreis des Deutschen Buchhandels verliehen an Susan Sontag. Laudator: Ivan Nagel. Börsenverein des Deutschen Buchhandels. Frankfurt a. M. 12. Oktober 2003.

Werastraße

Höhn, Karl (Hrsg.). Ulmer Bilder-Chronik. Bd. 1, Die Zeit von der Gründung bis zum Jahre 1848, sowie die Jahre 1927 und 1928. Darin: Schultes, D. A., Chronik von Ulm 1450 bis 1517. Ulm 1929, S. 65–76.
Sauer, Paul. Wenn Liebe meinem Herzen fehlt, fehlt mir die ganze Welt. Herzogin Wera von Württemberg. Großfürstin von Russland 1854–1912. In: Gemeindebrief der ev. Heilandskirchengemeinde Stuttgart Nr. 2/2004.
Thietz, Rudolf. Ein Preuße kommt nach Württemberg. Die Lebenserinnerungen des letzten Prinzenerziehers im Königreich Württemberg. Schriftenreihe des Württembergischen Geschichts- und Altertumsvereins. Bd. 23, 2. Aufl., Stuttgart 2007.
Uhland, Robert (Hrsg.). 900 Jahre Haus Württemberg. Leben und Leistung für Land und Volk. Stuttgart 1984.

Bildnachweise
(alphabetisch nach Straßennamen sortiert)

Äbtissin-Rampf-Weg
Bild links: www.mhs.schule.ulm.de
Bild rechts: Gabriele Stautner, artifox.com

Adelheidweg
beide Bilder: Wikipedia, public domain

Afraweg
Bild links: www.heiligenlexikon.de/Biographien, Buchmalerei 1493 (Bild),
Hartmann Schedels Nürnberger Weltchronik
Bild rechts: Gabriele Stautner, artifox.com

Agathe-Streicher-Weg
Bild links: Wikipedia, public domain
Bild rechts: Gabriele Stautner, artifox.com

Agnes-Karll-Weg
beide Bilder: Wikipedia, public domain

Anne-Frank-Weg
Bild links: Atrium Verlag AG, Heinrichstr. 249, CH-8005 Zürich
Bild rechts: Hans van den Heuvel

Barbara-Kluntz-Weg
beide Bilder: Ulmer Museum

Beginenweg
beide Bilder: Ulmische Blätter, Heimatliche Geschichte und Denkmalpflege,
(18.11.1924, Jg. 1, Nr. 2).

Betty-Friedan-Ring
Bild links: Wikipedia, public domain
Bild rechts: ©1983 Joyce Ravid

Cäcilie-Auer-Weg
Bild links: Stadtarchiv Ulm
Bild rechts: Ulmer Museum

Clara-Barton-Straße
alle Bilder: engl. Wikipedia public domain

Clarissenstraße
alle Bilder: Gabriele Stautner, artifox.com

Edith-Stein-Ring

Edith-Stein-Straße
Bild links: Wikipedia, public domain
Bild rechts: www.misch1.de

Elisabethenstraße
Bilder links und rechts oben: Dr. Ute Quast
Bild rechts unten: Wikipedia, public domain

Elsa-Brandström-Straße

Elsa-Brandström-Weg
Bild rechts: Wikipedia, public domain

Emmi-Noether-Straße
Bild links: Universitätsarchiv Göttingen
Bild rechts oben: Privatsammlung Ilse Sponsel, Erlangen, weitere Bilder:
Peter Roquette, Heidelberg

Frauenstraße
alle Bilder: Gabriele Stautner, artifox.com

Gertrud-Beck-Straße
Bild links: SWP/Gröner aus dem Buch „Ulmer Frauenwege"
Bild rechts: Gabriele Stautner, artifox.com

Geschwister-Scholl-Straße
siehe Hans-und-Sophie-Scholl-Platz

Grethe-Weiser-Straße
alle Bilder: Wikipedia, public domain

Hans-und-Sophie-Scholl-Platz
alle Bilder: Buch „Ulmer FrauenWege", Ökumenischer Arbeitskreis Frauen,
Archiv Christuskirchengemeinde Ulm Söflingen

Helen-Keller-Straße
Bild links und Bild rechts unten: www.flickr.com
Bild rechts oben: Wikipedia, public domain

Hildegard-Knef-Platz
Bild links: Gabriele Stautner, artifox.com
Bild rechts: Südwest Presse Ulm

Hildegardstraße
Bild links: Gabriele Stautner, artifox.com
Bild rechts: http://de.Wikipedia.org/wiki/Otto_I._(HR)

Katharinenberg
beide Bilder: Wikipedia, public domain

Katharinenstraße
Bild links: Wikimedia, public domain
Bild rechts: Evagatorium, Bd. 2, S. 16

Käthe-Kollwitz-Weg
Bild links: Axel Mauruszat, Wikipedia
Bild rechts: Edwin Scharff Museum, Neu-Ulm

Lise-Meitner-Ring

Lise-Meitner-Straße
alle Bilder: Wikimedia, public domain

Margarethenweg
Bild links: Gemälde von Arnalie Kohler
Bild rechts: Gabriele Stautner, artifox.com

Margarethe-von-Wrangell-Weg
Bild links: Wikipedia, public domain
Bild rechts: Universität Hohenheim Archiv (573) und
Hochschulgeschichtliches Museum (784)

Margarethe-Steiff-Straße
alle Bilder: Wikipedia, public domain

Margareth-Mitchell-Straße
alle Bilder: Wikipedia, public domain

Maria-Bosch-Straße
Bild links: Gabriele Stautner, artifox.com
Bild rechts: Bildrechte bei der Robert Bosch GmbH

Marienstraße
beide Bilder: Wikipedia, public domain

Marlene-Dietrich-Straße
Bild links: Porträtfoto von 1951, akg-images, Rollenbild aus dem Film *Die
Reise ins Ungewisse (no highway in the sky)*
Bild rechts: 1930 von Eugene Robert Richee, Deutsche Kinemathek, Marlene
Dietrich Collection Berlin

Mathildenstraße
Bild links: Porträt Mathilde Wieland, Nummer So-Al-ACF 001. Archiv der
Wieland-Werke AG Ulm
Bild rechts: Brief an die Arbeiter und Dank der Arbeiter. Archivnummer 1482.
Geschäftsanzeige, Archivnummer 1484

Merianweg
Bild links: 500-DM-Schein
Bild rechts: akg-images

Olgaplatz

Olgastraße
beide Bilder: Wikipedia, public domain

Ottiliengasse
Bild links: Dieter Gräter 1974
Bild rechts: Gabriele Stautner, artifox.com

Pearl-S.-Buck-Straße
Bild links: Arnold Genthe, Pearl S. Buck um 1932
Bilder rechts: Peter Conn, Director, Penn English Program in London
Fisher-Bennett Hall 313, 001 215-898-5726
http://www.english.upenn.edu/Projects/Buck/tour.html

Resi-Weglein-Gasse
Bild links: niemand mehr recherchierbar
Bild rechts: Dokumentationszentrum Oberer Kuhberg Ulm e.V., FA-DZOK
R1/268

Romy-Schneider-Straße
Bild rechts: Wikipedia, public domain

Sammlungsgasse
beide Bilder: Stadtarchiv Ulm

Selbertstraße
beide Bilder: Buch Barbara Böttger „Das Recht auf Gleichheit und
Differenz", Verlag Westfälisches Dampfboot

St.-Barbara-Straße
Bild links und rechts oben: Heilige Barbara von Hans Multscher (1456),
Altarschrein Sterzing, Bildstelle des Landesdenkmalamtes Bozen, Foto: H.
Walder 1996, ©Dr. Barbara Maier, Ulm
Bild rechts unten: Das Marthyrium der Heiligen Barbara. Lucas Cranach d. Ä.
1510. Metropolitan Museum of Art, New York

Susan-Sontag-Ring
Bild links: photobucket.com/terms, Punkt 6
Bild rechts: Mark Lennihan

Werastraße
beide Bilder: Heilandskirche Stuttgart

Alphabetisches Namensverzeichnis